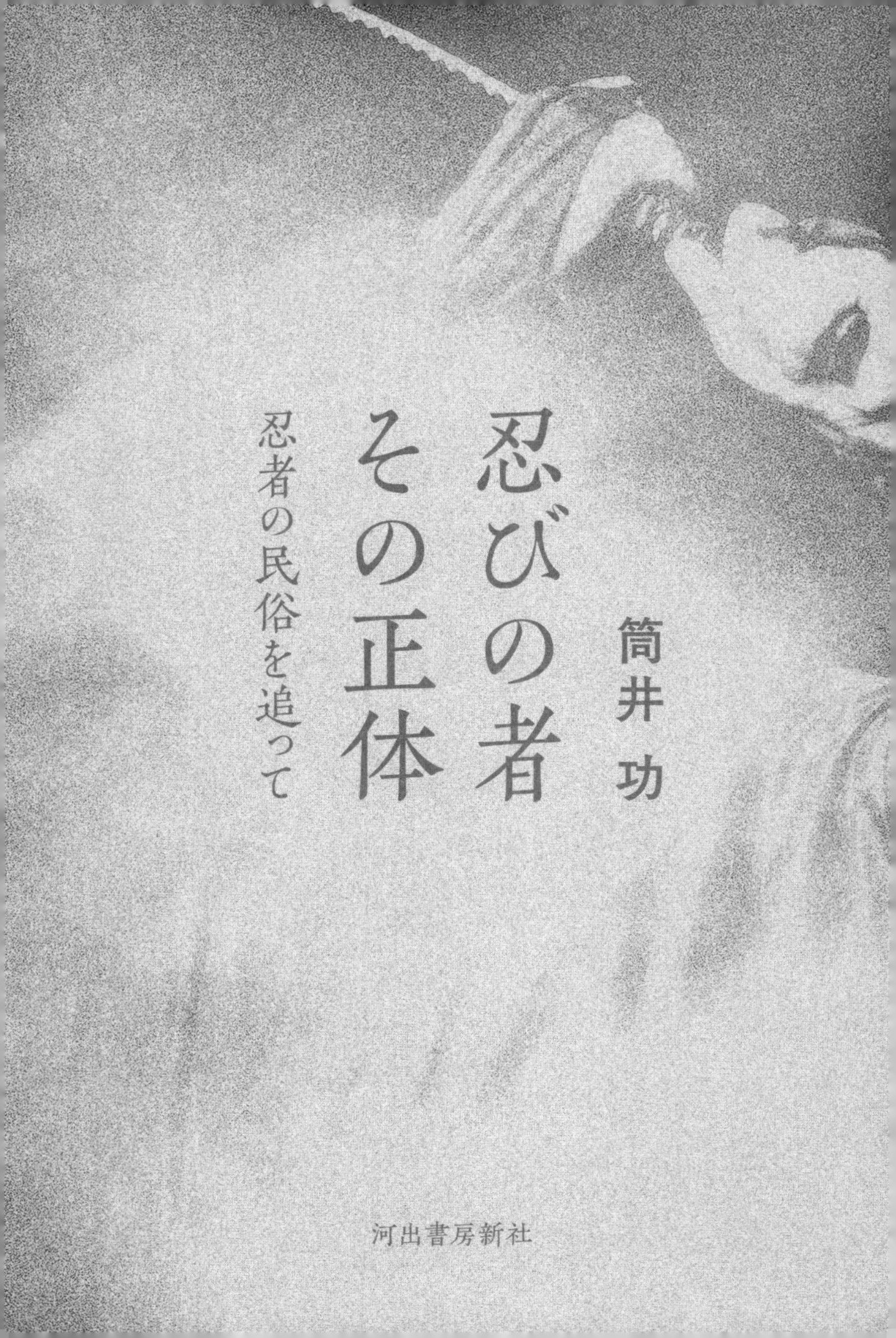

忍びの者　その正体

忍者の民俗を追って

筒井　功

河出書房新社

はじめに

「忍者というのは本当にいたのか」「いたとすれば、どんな人びとだったのか」

わたしが、この問いを自らに発するきっかけになったのは、全戸がことごとく同じ姓を名乗る、ある小さな村で、ひっそりと語りつがれてきた伝承を、たまたま耳にしたことであった。

その村は高知県幡多《はた》郡黒潮町加持《かもち》の一集落で、猿飼《さるかい》といった。のちには「猿まわし」と呼ばれることが多くなる職業者が住んでいたため、その地名が付いたのである。わたしは当時、猿まわしにかかわる民俗や彼らの起源、社会的地位などを調べていて、右の村の存在を知り訪ねていったのだった。

伝説はかなり詳しく、そして具体的である。それは本文で紹介することにして、ここでは住民の始祖の植田次兵衛《じへえ》が、土佐国の公家大名・戦国大名であった一条兼定《かねさだ》を暗殺した人物の家来だったとしていることだけを記しておきたい。次兵衛が仕えていた入江左近という武士が、その主君兼定の寝首をかくに際し、何か重要な役割を果したと、村びとたちは四〇〇年にわたって言い伝えてきたのである。

一条兼定は、新興の戦国大名・長宗我部元親《もとちか》との戦いに敗れ、隣国伊予の離れ小島にひそんで再起の機会をうかがっていた。元親と対立する勢力にかくまわれていたのである。そこへ現れた旧臣の左近に襲われたのだが、猿飼集落の口碑が述べるところとは少し違って、重傷を負ったものの、このときは死んでいない。

この事件については信憑性の高い史料がとぼしく、そういうことが本当にあったのか疑いを抱いている歴史家も少なくないとみえ、著述で全く触れていない例もある。ましてや、植田次兵衛の名を挙げた文献は、わたしが気づいたかぎりでは一つもない。事件を細かく取上げた郷土史にも、次兵衛はいっさい登場しないほどである。

しかし、村の伝承には確実とされる史実と合致する部分が少なからず見られるだけでなく、諸史料と突き合わせていくと、それらに欠けている空白を埋めることさえ可能であるように思われる。そこから浮かんでくるのは、猿飼・次兵衛が兼定襲撃の陰で果たした隠密としての行動である。それは、たしかに戦国期の忍びの具体像だといえる。

わたしは植田次兵衛のことには、既刊の拙著『猿まわし　被差別の民俗学』（二〇一三年、河出書房新社）の中で、ひととおり言及している。いま再び次兵衛にまつわる話を紹介するつもりになったのは、ごく最近、日本中世史の研究者・平山優氏の『戦国の忍び』（二〇二〇年、角川新書）に目を通した影響が大きい。同書は、ある新聞の書評で、

「全国に散在する忍びに関する断片的な同時代史料を網羅的に収集して、戦国時代の忍びの実像を明らかにした」

と評されている。全国を対象にした忍びの者の研究では、最新の成果になるということであろう。

そこに植田次兵衛のことは、もちろん載っていない。同時代の史料にかぎらず、そもそもこの人物のことは拙著を別にすれば文献で扱われたことがないのである。だからといって、戦国忍者の群像に新たな一例を加えたいのではない。わたしが改めて次兵衛のことを書く気になったのは、彼の場合ほど忍びの実際を具体的に伝える例は、ほかに知られていないのではないかと考えたからである。

中世の猿曳（さるひき）。しばしば間諜として使われた。
1494年ごろ成立の『三十二番職人歌合』より。

忍びの仕事は大きく分けて、正規軍とは別に奇襲・遊撃戦を担当することと、いわゆる諜報活動の二つであったらしい。前者は、やや集団的で、ことの性質上、外部の目を完全に遮断することが難しいのに対して、後者はしばしば個別に行われ、かかわった当事者以外には何があったのかわからず、記録に残されることもまずない。

史料にもとづいて忍びの実像に迫ろうとする著述の、ほぼ全部がもっぱら遊撃部隊としての活動を取上げているのは、その故であろう。一方、植田次兵衛がしたことは、入江左近のための情報収集であり、もともと何かの記録にとどめられる筋合いのものではなかった。ただ、それが次兵衛と、その一族にとってあまりにも重大な記憶だったことから、村の伝承として長く語られつづけてきたのである。

これが単なるお話、物語でないことは、その内容からもうかがえるが、ほかにも次兵衛の子孫が暮らしている村と、左近が領地のほとんどを所有していた村の住民が二〇世紀、二一世紀になっても、かつて先祖が命を狙った一条氏を祀る現高知県四万十市の一条神社へ、たとえ足を運んだとしても社殿に向かって決して手を合わさないという奇妙なしきたりをかたくなに守っていることからも裏づけられる。

本書は全体を四章に分かって、第一章では戦国時代の関東における最有力の大名・北条氏(小田原北条氏、後北条氏)の麾下にあった忍びの集団「風間《かざま》一党」を、まず取上げている。この軍事組織は史料に現れるかぎりでは典型的な遊撃隊型の忍びたちであった。

第二章は植田次兵衛である。前著では猿飼としての次兵衛に焦点を当てたが、本書では主に忍びの側面から、この人物を取上げてみることにしたい。

第三章は伊賀《いが》・甲賀《こうか》の忍びを対象にした。といっても、伊賀・甲賀の忍者群像の紹介ではない。そんなことをしようとしても、できの悪い小説にしかならないだろう。彼らについては、ほとんど何もわからないというのが、きちんとした歴史家たちの共通認識だとされているのである。

わたしが試みようとしているのは、なぜ伊賀・甲賀地方が忍びの本拠地のようにいわれることになったのか、その理由の詮索である。この二つの地方は地つづきであって、地政学的条件もよく似ている。そうして、ここには中世、他郷に見られない著しい特徴があった。普通の意味では城とはいいがたいほどの小城郭（四国や山陽道あたりで「土居《どい》」と称していた土豪の居館）が狭い範囲に密集していたのである。その数は伊賀で五五〇ほど、甲賀で三〇〇余りが確認されている。この事実こそ「忍び」が集団で発生した原因であり、結果であった。

第四章は、のち仙台藩主となる伊達政宗によって組織された「黒脛巾組《くろはばき》」が、会津・摺上原《すりあげはら》の合戦においてどのような活動をしたか、その実際を追う。黒脛巾組は、第一章で言及した北条氏配下の忍び軍団「風間一党」と並び、戦国期でもっとも著名な忍びの集団である。

なお、以下の本文では原則として「忍者《にんじゃ》」という語は使用せず、もっぱら「忍び《しの》」「忍びの者」を用いている。忍者という言葉は、おそらく大正か昭和の初めごろに生まれた新語で、戦国時代はもちろん、江戸時代にも存在していなかったからである。

忍びの者　その正体　忍者の民俗を追って　◉　目次

第二章　一条兼定へ放たれた忍び植田次兵衛のこと　44

装幀――水上英子
カバー写真©PIXTA

忍びの者　その正体

忍者の民俗を追って

第一章　北条氏配下の忍び軍団「風間《かざま》一党」のこと

1　「風魔《ふうま》小太郎」伝説の誕生

どんな表題を付けているかはともかく、「忍者列伝」に分類できる著述に必ず登場する忍びに風魔小太郎なる人物がいる。猿飛佐助や霧隠才蔵などのように、まるきり架空の存在を別にすれば、服部半蔵らと並んでもっとも名を知られた忍びの一人かもしれない。

風魔について、例えば戸部新十郎『忍者と盗賊』（一九七八年、日本書籍。一九八六年に河出文庫）は次のように述べている。

「（風魔一党は）もと小田原の北条氏に扶持《ふち》されていた。

頭目を風魔小太郎という。元来は風間というが、風魔のほうがそれらしい凄味がある。『北条五代記』によると、かくれない大男で、身の丈七尺二寸（およそ二一八センチ＝引用者）、手足の筋骨があらあらしくて、コブ立っており、眼はさかさまに裂け、黒髭におおわれた口が大きく、牙が四本外へむき出ていた。頭は福禄寿に似て長く、鼻が高い。声を出せば、五十町《ちょう》（一町は、およそ一〇九メートル）ばかり先にも聞こえるし、ひそめると不気味にこもったそうだ。まるで化物のような表現である。

一党は四組に分かれていた。山賊・海賊・強盗・竊盗《せっとう》（窃盗と同義）の四種で、山賊組は山野を荒し、海賊組は川・海浜を掠《かす》め、強盗組は固い塀や壁、砦を破り、竊盗組はほそりぬすびとといって、忍びを得意とした。夜討ちのときには、かれらを先立てれば、道知らないところを行くのに、灯をかかげて行くようなものだった。

こんなかれらは、北条氏のためにずいぶん尽くしている。武田氏（甲斐の戦国大名・武田氏のこと）など、後方を攪乱されて頭をなやましたものだった。

武田方では、なんとか小太郎を討ちとりたいと思った。そこで甲州スッパ（甲斐武田氏の忍び）から十人を選び、道に伏せておいた。風魔一党は例によって、さんざん陣場を荒らして戻ってきたので、伏せていたスッパどもは、ひそかに一党のなかにまぎれ込んだ。やがて、一党二百人ばかりが、黄瀬川《きせ》（現静岡県東部を流れる）の川原に集まった。

スッパどもは機会だと思った。ところが、小太郎は灯りをかかげ、なにやら合言葉をいって立ち上がった。合言葉を知らぬスッパどもは、ただまごついているところを、たちまち捕えられ、斬られてしまった。

これは居すぐり、立すぐりといい、味方のなかにまじっている敵を見分ける方法である。

荒々しいだけでなく、なかなか利口だった」

風魔小太郎については、これよりずっと荒唐無稽な尾ひれを付けた物語はいろいろあるが、古い文献によるかぎり、その骨子はだいたい右で尽きている。文献というのは、戸部氏も記しているように『北条五代記』のことである。

「身の丈七尺二寸、牙が四本外へむき出ていた」と聞くだけで、そっぽを向いてしまいたくなる人も少なくないだろう。わたしなどもその部類だが、これは話をおもしろくするための大げさなものいいだと受け取ることにして、そのほかの部分の信憑性は、どうだろうか。それを判断するには、『北条五代記』とはどんな書物なのか、まず見ておかなくてはならない。

同書は小田原北条氏の五代（早雲から氏直まで）、およそ百年にわたる逸話を集めたもので、元和年間（一六一五—二四年）の成立とされている。著者は三浦浄心《じょうしん》（茂正《しげまさ》、一五六五—一六四四年）である。浄心が同書に述べているところによれば、祖父も父も自身も北条氏に仕え、豊臣秀吉軍の小田原攻めで北条氏が滅んだ天正十八年（一五九〇）、浄心は数えの二六歳であった。つまり、とくに北条氏の滅亡間際のことは自ら体験していたことになる。

浄心は、ほかに『慶長見聞集《けんもん》』と題した著書も残している。というより、『五代記』は『見聞集』から北条氏にかかわる記事を抜粋したものであった。『見聞集』は一七世紀初頭の風俗、世情、世間ばなしなどを取上げた随筆であり、そのころの江戸を知るうえで好個の文献として評価が高い。

しかし、同じ著者の、もとは同じ文集に収められていたからといって、『五代記』も同様の史料価値をもつとはかぎらない。例えば、北条氏と武田氏が黄瀬川あたりで対陣したのは天正七年（一五七九）から同九年にかけてのことであり、執筆時期より少なくとも三十数年は前になる。当時、浄心が戦場にあった形跡はなく、秘密部隊の性格を帯びていた風間一党のことを詳しく知る立場にもなかった。

要するに、風間に関する記述は伝聞にほかならず、経過した時間も長い。同時代の客観的な史料とはいえないことになる。

さらに、『五代記』は、いわゆる軍記物で誇張した表現が多く、視点をおいた側（この場合は北条氏）への肩入れも目立つ。それは、

「（風間配下の）この二百人の徒党、四手に分かれて、雨の降る夜も降らぬ夜も、風の吹く夜も吹かぬ夜も、黄瀬川の大河をものともせず打ち渡りて、（武田）勝頼の陣場へ夜々に忍び入りて、人を生け捕り、つなぎ馬の綱を切り、肌背《はだせ》（鞍を置かない馬の背）にて乗り、かたはらへ夜討ちして分捕り・乱捕りし、あまつさへここかしこへ火をかけ、四方八方へ味方にまなんで（化けて）紛れ入りて鬨《とき》の声を上ぐ」（かっこ内は引用者。原文のままだが、表記文字の一部を替え、送り仮名をおぎなってある）

といった文章に、よく表れている。

浄心が風間一党のことを耳にしていたことは、間違いあるまい。だが、そう細かなことは聞

いておらず、軍記物という性格上、多少の想像をまじえて筆を走らせたのではないか。とにかく、この書物によって、風魔小太郎伝説が生まれ、そうして受けつがれていくことになる。それは結局、物語であって史実とみなすことは難しいように思われる。

2 『関八州古戦録』が描く風間一党

実は『北条五代記』には、北条氏麾下の忍び軍団二百人の頭領は「風摩」と見えるだけである。しかも、寛永十八年（一六四一）に出た刊本では、それに「かざま」の仮名が振られている。その名が「小太郎」とされるのは、『五代記』の成立から一世紀余りものちの享保十一年（一七二六）刊行の『関八州古戦録』においてであった。そこでは姓は「風間」となっている。依然として「風魔」は用いられていないことになる。

槙島昭武《まきしま》（生没年不詳）による『古戦録』は典型的な軍記物とされ、歴史書としての評価はさして高くない。まず物語と考えるべき本だが、その中にあっても風間はただ「相州の風間小太郎」としかなく、人相風体も忍びとしての行動についても全く述べられていない。代わりに「小太郎の指南を受けた」二曲輪猪助（読みは「にのくるわ・いすけ」か）なる「忍びの骨張《こつちよう》」が登場する。

同書によれば、猪助は天文十五年（一五四六）、北条氏と上杉氏・古河公方《こがくぼう》足利晴氏《はるうじ》の連合軍との「河越（現埼玉県川越市あたり）合戦」の際、柏原（現埼玉県狭山市柏原）で「執合《とりあい》（戦況）の首尾、敵方の配立《はいだて》を巨細《こさい》に注進」する隠密活動に当たっていた。

だが、月を重ねたあと、それが露見して上杉氏の手の者に捕縛されそうになる。間一髪のところで逃れ、小田原へ向かって「飛ぶがごとく」に駆けていった。そのあとを敵方の太田丈之助という「歩立《かちだち》の達者」が追ってくる。「関東道を五里か六里（一里は、およそ四キロ）ほど」走って、さすがの猪助も「勢い疲れた」とき海辺の農家に馬がつながれているのを見つけ、太刀を抜いて縄を切るなり飛び乗って無事、小田原へ帰り着いたとなっている。

何だか、血わき肉おどる描写には遠いが、『古戦録』の著者は猪助が速足の忍びだったといいたかったのではないか。もっとも、それにしては太田丈之助を振り切れなかったところは、軍記物としてややおとなしい感じがしないでもない。いずれにしろ、『古戦録』は風間一党についての逸話しか語っていない。

なお、『北条五代記』の万治二年（一六五九）板行本では、忍び軍団の大将の名は「風广」と書いて「かざま」と仮名が振られている。

ところが、同じ三浦浄心の『慶長見聞集』巻の七「関八州盗人狩の事」では、「風魔」の文字が用いられているのである。同書は、江戸開府後になって関東一帯を荒らしまわっていた盗っ人の集団は、「古《いにしえ》の風魔が一類らつは（ラッパ）の子孫どもなり」としたうえで、向崎甚内なる、やはり盗賊の親玉の密告によって一網打尽にされたと述べている。そうだとしたら、風間の一党は戦乱の世がおさまって職を失い、盗っ人稼業で糊口をしのいでいたことになる。

この「風魔」の用字が、たしかに浄心のものだとすれば、「ふうま」という呼び方は江戸時代前期にすでにあった可能性が高い。しかし、その辺ははっきりせず、また「風間」あるいは「風魔」いずれであっても、江戸時代に入ってからの文献が伝える北条氏麾下の忍び軍団の頭領は架空の人物か、それに近いと考えていいのではないか。

ただし、右の話の下地になった忍びの者たちは、たしかに北条氏の指揮下に存在していたのである。次からは、もっぱら同時代の信憑性の高い史料にもとづいて、彼らの姿を追っていくことにしたい。

3　ならず者たちの部隊であった

黒田基樹編『北条氏年表』（二〇一三年、高志書院）に、「風間出羽守のこと」と題するコラムが収められている。筆者は編者の黒田氏である。これは三ページほどの短い文章ながら、風間一党についてきわめて興味ぶかい記述を含み、かつ踏み込んだ研究の足がかりにもなる。

黒田氏によると、北条氏に関連する同時代の史料の中で、「風間」なる人物が出てくるのは次の六点しかないという。

①元亀三年（一五七二）五月七日付北条家朱印状写〔戦北一五九五〕
②元亀四年十二月十日付北条家裁許朱印状写〔戦北一六七七〕
③天正五年（一五七七）二月十日付北条家裁許朱印状写〔戦北一八九二〕

④（天正十年）九月十三日付北条氏政書状［戦北二四一二］
⑤（年未詳）六月二十六日付北条氏規判物［戦北四〇二〇］
⑥（年月日未詳）北条氏政書状写［戦北三八八七］

各項目末尾の数字は、『戦国遺文　後北条氏編』（全八巻。一九八九―二〇〇〇年、東京堂出版）に付された史料番号である。

右のうち、⑤は内容からみて忍び軍団の「風間」とは明らかに違う。これを除く五点の史料を順に見ていくことにしたい。

①は北条家の重臣・笠原藤左衛門尉《じょう》の名で、当時、北条氏の支配下にあった武蔵岩付《いわつき》領（現埼玉県さいたま市岩槻区のあたり）の在郷被官だったと推定される岩井弥右衛門尉ら五人に宛てられた朱印状（朱肉の印を捺した公文書）である。それを現代文にすれば次のようになると思う。

「風間（と、その部隊）を来たる七月まで、六ヵ村に配しておくことにした。宿そのほかのことを、よろしくお願いする。万一、その方たちの知行分に対して、いささかなりとも狼藉に至ることがあれば、まず風間に相談をし、承知しないときは小田原へ書状で連絡してもらいたい。こちらから風間に、はっきりと申しつけるであろう。秣《まぐさ》と薪《たきぎ》を採ることについては、これを認めてやってほしい」

六ヵ村は当然、岩付領内の村々であろうが、どこどこかは書かれていない。とにかく、そこに風間部隊を駐屯させる際に出された書状である。部隊は六ヵ村に分散させることにしているので、少なくとも何十人か以上の人数で構成されていたと思われる。秣を必要としていたことから、馬をもっていたことがわかる。

注目すべきは、この部隊が駐屯地で「狼藉」をはたらくのではないかと危惧されていたことである。正規軍とは異なる特別な性格を帯びていたらしい。それは一年七ヵ月後の②の文書を合わせ読むことによって、はっきりする。

「風間が（わたしども）〈すな原〉村に駐在を命じられたことは、あってはならないことだったのに、いまに至るも在村がつづいており、百姓どもは迷惑のかぎりだと（その方たちの）申すところ、もっとものことだと（殿＝北条氏政が）おおせなので、以後、それはやめることにする」

この朱印状は、北条氏の重臣・勘解由《かげゆ》左衛門尉康保《やすもり》（石巻康保）の名で、「すな原百姓中」に宛てられたものである。

農民が、自分たちの村への兵士の駐留を迷惑がるのは、どこでも変わりないだろうが、風間の部隊の嫌われ方は尋常でなかったことがわかる。それで、すな原の農民は「やめてほしい」と領主に訴えて、これがあっさりと認められ

埼玉県越谷市砂原の久伊豆神社

ている。北条氏の側でも、農民たちの困却ぶりが理解できたせいに違いない。

それは、おそらく度を越した乱暴、狼藉によっていたろう。①の文書が、それを裏づけている。風間一党は通常の部隊ではなかったのである。著しく軍紀に欠けており、他人の迷惑への配慮がとぼしかった。その背景には、彼らがならず者の寄せ集めであったことに加え、常にもっとも苛酷で危険な役割を課され、いつ命を落としても不思議でない緊張感のため、刹那的で半ばやけくそになっていたからではないか。

4 どこで何をしていたか

前記②の朱印状に記された「すな原」が、現埼玉県越谷市砂原を指すことに疑問の余地はない。

これについては、文化十三年（一八三〇）に完成した官撰の地誌『新編武蔵風土記稿』に、右の文書が鴻巣宿《こうのす》（現埼玉県鴻巣市のＪＲ高崎線鴻巣駅付近）の旧家、小池三太夫家に伝存していたと見えることから、鴻巣郷内の村であろうとする指摘がある。しかし、同書によれば、小池氏の祖先の小池長門守は北条氏のもと家臣であり、岩槻（当時の表記では岩付）の市宿《いちじゅく》にあったときの功労で、天文二十年（一五五一）、北西へ二〇キロばかり離れた原野に砦（実際には居館だったと思われる）を築くことを許されたとなっている。そこが、のちの鴻巣宿である。

要するに、小池氏は岩付領を元来の本拠としており、鴻巣に砦を設けたあとも旧領になお別館を有していたか、分家筋に支配をゆだねていたと思われる。北条氏の滅亡（一五九〇年）後は完全に鴻巣へ移ったが、その折り朱印状も持参し、幕末まで保存していたのであろう。

市宿は岩付城のすぐ南西の町場で、砂原村はそこから六キロほど南東に位置していた。砂原の農民に宛てた書状が小池家に残っていたことから考えて、同家は砂原に対して何らかの権利を与えられていたか、そこを知行地としていた内田氏（後述する）と縁戚関係にあったかもしれない。

砂原は元荒川に面している。この川は寛永六年（一六二九）、上流の現埼玉県熊谷市久下《くげ》から流路を西に変えられる（「荒川の西遷」と呼ばれる）まで、荒川の本流であった。砂原は川砂の堆積地を意味する可能性が高い。

このあたりは今日も農村の雰囲気をとどめているが、戦国のころには純然たる農業地帯であったろう。風間部隊の兵士たちは、その農家の離れや農具小屋ときには本宅の一隅などで寝起きしていたことになる。荒川の土手には秣や薪が豊富にあったはずである。

だが、ここが部隊の駐屯地に選ばれたのは、それだけが理由ではなかった。まず岩付城まで、少し急げば徒歩でも三〇分とはかからない。城のまわりの警備をになうには格好の位置だといえる。さらに、そのあいだの、より城に近い場所に村国という村があった。現在の岩槻区村国である。

村国には当時、鋳物師《いもじ》・鍛冶屋の集団が住んでいた。いまも村内に「鋳物屋敷《いもの》」の小字《こあざ》が残っている。つまり、ここは岩付城に銃や刀剣、槍などの武器を供給していたことになる。城の死命を制する立場にあったといって過言ではなかった。当然、厳重な警備の対象になっており、それを受けもっていたのが風間一党であったと思われる。

さいたま市岩槻区村国の渋江鋳金遺跡の石碑。このあたりに、かつて鋳物師・鍛冶屋の集団が住んでいた。

風間の部隊は、季節、天候を問わず、日夜、さまざまな形で侵入をはかってくる敵方、とくに彼らと同類の忍びたちを見張る役を果たしていたのである。発見、遭遇すれば、どんな手段を使ってでも相手を倒さねばならない。それは一瞬も気の休まることがない厳しい任務であった。

しかし、部隊の仕事は、それだけではなかった。防戦のみでは城の安全はたもてない。こちらからも敵陣に忍び込み、情報収集、破壊工作、敵側の分裂工作を仕掛けなければならない。その具体例など、むろん知るすべはないが、ある程度の想像はできないわけでもない。それを試みるには、当時のこの一帯における北条氏と反北条陣営をめぐる動きを見ておく必要がある。

5 関東制覇は岩付城にかかっていた

先の①の文書が発給される半年ほど前の元亀二年（一五七一）十二月、北条氏は一度むすんで破棄していた甲斐（山梨県）の武田氏との同盟を復活し、それと同時に越後（新潟県）の上杉氏との連合を解消している。

つまり、風間一党が岩付領に駐屯していたころ、反北条陣営の中核は上杉氏であった。上杉氏は武蔵深谷城（現埼玉県深谷市）を関東における本拠としていた。深谷城は岩付城の四〇キロ余り北西になる。

このほか木戸氏の羽生城《はにゅう》（同県羽生市）、野田氏の栗橋城（茨城県猿島郡五霞町《さしまごか》）、簗田氏《やなだ》の関宿城《せきやど》（千葉県野田市）など反北条方の主要な城郭が三〇キロないし二〇キロたらずのところにあり、これらの背後には下野《しもつけ》（栃木県）の宇都宮氏、常陸（茨城県）の佐竹氏がひかえていた。

一方、深谷城や羽生城の北方には北条方に属する由良氏の金山城（群馬県太田市）があったものの、岩付城は敵の城郭群に間近で対陣する最前線に位置していたといえる（それを概略図で示せば、おおよそ次ページのようになるだろう）。ここは北条氏にとって関東制覇の足がかりであるとともに、反北条軍の自領侵入を食いとめる要の城であった。

名を挙げた城のうち金山城を除くと、いずれも平城である。防御に利用できる崖、急傾斜地がないので、川や沼に臨んだ微高地に築城し、そのほかの方面には水堀をめぐらせていた。関

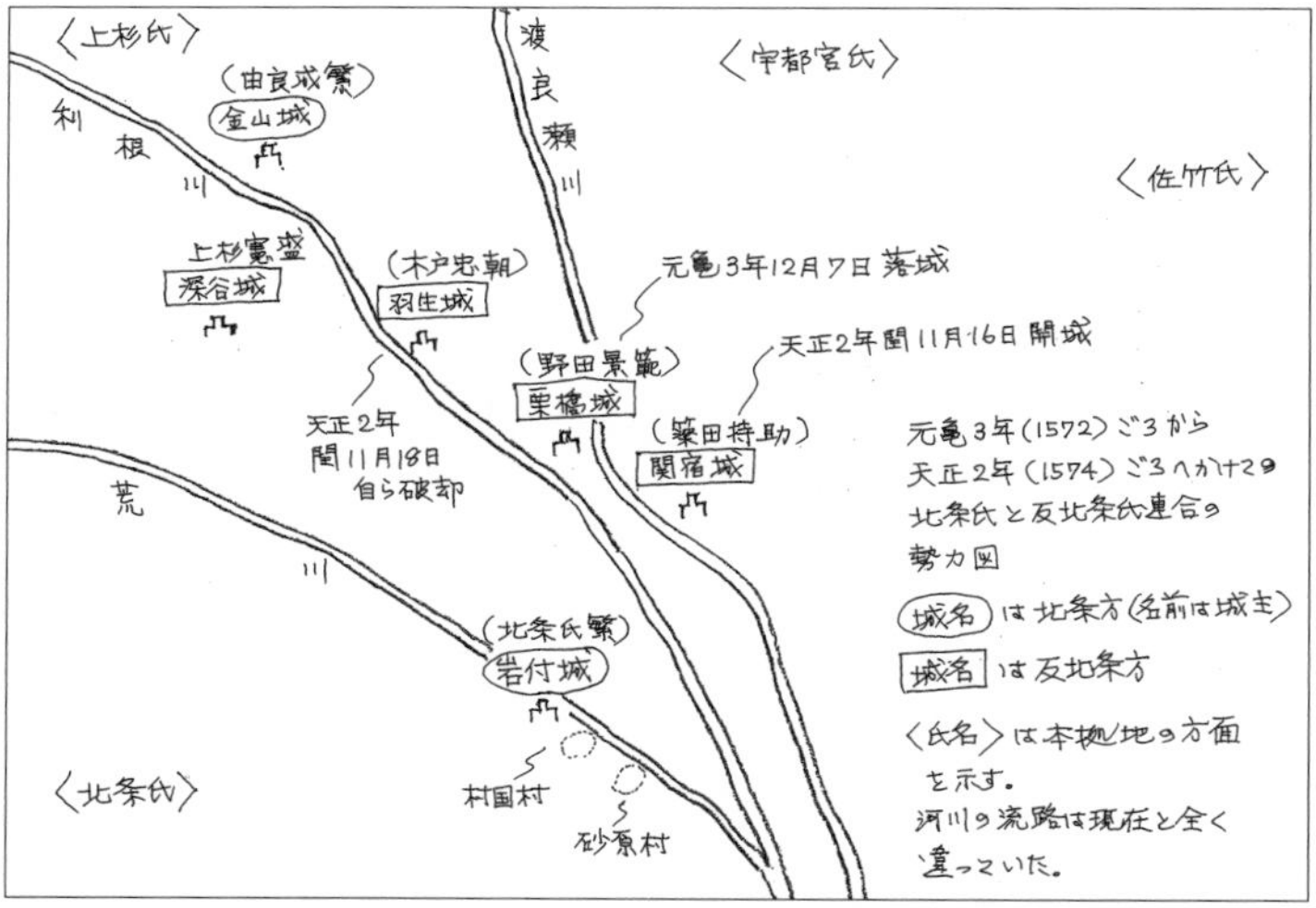

1572年ごろから1574年ごろへかけての北条氏と反北条氏連合の勢力図

東平野の中央には、このような「水城《みずしろ》」が少なくなかった。

岩付城も荒川（いまの元荒川）の右岸（西岸）に面した水城であった。この城と城下の町場や村国のような枢要の村へ敵の兵や忍びが近づくには荒川を渡ってくるしかない。風間一党は当然、荒川の岸を油断なく見張りつづけていたはずである。夏も冬も、昼も夜も、川岸の藪かげにじっと身をひそめて不審の者の探索に努めていたに違いない。

逆に敵情の偵察には、まず荒川を越えなければならない。栗橋城、羽生城は利根川の向こうに、関宿城はさらに先の渡良瀬川の対岸にあったから、それぞれの川の岸辺に伏せているはずの敵方の忍びの警戒網をくぐらないかぎり、役目は果たせないことになる。

当時、この一帯での忍びたちの攻防は、主

に大小の川や沼沢地をめぐって展開されていたのではないか。戦国期の史料に「水賊《すいぞく》」という言葉が使われている例があるが、彼らもその部隊を含んでいたろう。

風間一党のありようと戦陣での役割は既述の史料の④と⑥で、より具体的にわかるが、その前に③を取上げて、彼らの砂原周辺における活動を、もう少し見ておきたい。

「内田孫四郎は二騎の軍役をつとめるべき知行を与えられているのに、一騎分しかつとめていないと風間の同心（配下）・渡辺新三から訴えがあった。それで御前帳《ごぜん》（この場合は所領役帳）を調べたところ、孫四郎の軍役は一騎に相違なく、新三の言い分は誤りであると申し伝えておく」

この朱印状は北条氏の重臣・下総守（依田《よだ》）康信の名で、内田孫四郎に与えられている。孫四郎は父の代から砂原村を所領として安堵されていた。つまり、村の領主である。

書状の日付けは天正五年（一五七七）二月十一日であり、風間らの砂原への出入り禁止を伝えた②の発給から三年余りしかたっていない。この間に渡辺からの訴えが出され、その吟味が行われたことになる。風間一党の意趣返しの意がこめられていたことは間違いないのではないか。

ただ、風間が各在郷被官の軍役負担について検分する役をになっていた可能性があり、そうだとすれば敵方のみならず身内の監視役もつとめていたかもしれない。

6 風間部隊、対徳川戦で千余人を討ちとる

武蔵岩付城の周辺で風間の軍団がどんな任務に当たっていたのか、⑥の史料によってさらに詳しく推測することができるが、その前に順番にしたがい④を紹介しておきたい。

この書状は発給年を欠いているが、内容から判断して天正十年（一五八二）であることが確実だとされている。その年の九月十三日、隠居したとはいえ、まだ実権をにぎっていた北条氏の第四代当主・氏政から風間出羽守へ与えられたものである。これによって、ほかの同時代史料では、ただ「風間」とある人物の通称（仮名《けみよう》）が「出羽守」であったことがわかる。

④については、とくに原文を掲げ、つづいてわたしなりの訳を付しておく。

「注進状之趣、何も心地好候、為致絵図見届候、然者大手陣弥吉事連続、於信州遠州之境、山家三方衆千余人討捕、信州者無残所候、当口へも定使可見届候、毎日人衆打着候間、能々首尾を合、可打出候、

無二此時可走廻候、謹言、

九月十三日　氏政（花押）　風間出羽守殿」

「注進状の記すところ、いずれも心地よく拝見した。絵図にさせて（しかと）見届け申した。しかれば大手陣（北条軍の本隊）も、いよいよ吉事つづきであろう。信州（長野県）と遠州（静岡県西部）との境において、（その方が）山家《やまが》三方《さんぽう》衆（後述）千余人を討ちとったとのこと、

これで信州は残すところはあるまい。当口（氏政の陣所）へも使いをよこして（様子を）見てもらいたい。毎日、多くの者が着到いたしておるので、よくよく手はずをととのえて（徳川軍へ）攻め込むことにしたい。このときこそ（その方も）奔走尽力すべきである。謹言」

この書状の内容をもう少し深く理解するには、当時の北条氏をめぐる軍事情勢を知っておく必要がある。以下に述べることは、主として前記の黒田基樹編『北条氏年表』によっている。

まず、書状の日付けに先立つ半年ばかり前の天正十年三月、甲斐の武田勝頼は、敵対していた織田信長の重臣・滝川一益《かずます》の軍勢に追われ、新府城《しんぷ》（現山梨県韮崎市）から天目山《てんもく》（同県甲州市）へ逃れる途中に自害、戦国時代の有力大名家の一つ甲斐武田氏は滅亡していた。

これで織田氏は甲斐など武田氏の領地を手中におさめるが、それから三ヵ月たらずのちの同年六月二日、信長は本能寺の変で横死する。北条軍は、この機をついて現埼玉県北部の神流川《かんな》べりで滝川軍を破り、相手をいったんは武田氏旧領から追い払った。このあと北条氏は、織田方の徳川氏の軍と甲斐国で衝突を繰り返すことになる。

北条氏と家康は同年十月二十七日、上野《こうずけ》（群馬県）は北条氏、信濃と甲斐は徳川氏の支配とする条件で和睦する。氏政が風間出羽守に書状を宛てた九月十三日は、その前のことであり、双方が命がけで攻防をつづけていたさなかであった。

風間の注進状どおりだとすると、その折り信・遠の国境付近で、風間の部隊は徳川方の山家三方衆千人余を討ちとっているはずである。風間を含む北条軍は伊奈の高遠城（長野県伊那市）を落としたあと、天竜川沿いの伊那谷を南下していったことが知られているから、風間らが大手柄を挙げたのは現在の長野・静岡・愛知三県の境に近い天竜川べりのどこかであったと思われる。

なお、その当時、北条氏政は伊豆の三島（静岡県三島市）に、その長男の第五代当主・氏直は甲斐北西部の若神子《わかみこ》城（山梨県北杜《ほくと》市）に在陣していたらしい。したがって、大手陣は若神子城を、氏政が風間宛ての書状を出した「当口」は三島在のいずれかの城を指すのであろう。

7　山峡を血に染める殲滅戦であったか

右の史料に見える「山家三方衆」とは、もともとは三河国（愛知県東部）北東部の山間地に勢力を張っていた、

- 作手《つくで》（現愛知県新城《しんしろ》市）の奥平氏
- 長篠（同市）の長篠菅沼氏
- 田峯《だみね》（同県北設楽《したら》郡設楽町）の田峯菅沼氏

のことであった。

しかし、長篠と田峯の両菅沼氏は、これより前、武田氏側についており、武田氏の滅亡とともに主流は三河を追われていたから、天正十年（一五八二）九月ごろの山家三方衆は実質的には作手の奥平氏を指していたと考えられる。当時の当主は信昌であった。

作手は長野・静岡・愛知三県境から四〇キロばかり南西の山間に位置している。北条軍に追われて伊那谷を南へ敗走してきた奥平氏の部隊は三河に逃げ込み、そこから山伝いに本貫の作手を目指すつもりだったと思われる。それが三河へ入る直前くらいに風間一党に捕捉され、「千余人」が討ちとられたというのである。

書状の「討捕《うちとり》」の語は、普通に解釈すれば「殺した」となるだろう。局地戦で死者千人は尋常のことではない。はなし半分としても五百人である。仮にそうであっても、作手のような生産力の高くない地域の一土豪が集めることができた軍勢は、ほとんど壊滅してしまったのではないか。

信・遠の国境とは、あるいは天竜川沿いではなく、もう一つ東側の青崩峠《あおくずれ》(一〇八三メートル)付近のことだったかもしれない。こちらは比較にならないくらい険しく、はるかに遠まわりにもなる。とはいえ、裏をかいて青崩越えを選んだ可能性もなくはあるまい。いずれにせよ、国境の切所《せつしょ》を突破しないかぎり、国元へ帰ることはできなかった。そこを風間の部隊に急襲されたようである。

書状には戦闘の様子は何も書かれていない。だが、「千余人」を討ちとったと報告している以上、風間の軍団には少なくとも何百人かの兵士がいたとみられる。三浦浄心の『北条五代記』が部下「二百人」としているのは、事実に近いかもしれない。

ともあれ、この合戦から浮かんでくるのは、奇襲部隊・ゲリラ部隊としての姿である。武蔵岩付領では乱暴・狼藉を危惧され、農民たちが、その駐留をことのほか迷惑がった風間軍団の山家三方衆への攻撃は、苛烈かつ残忍をきわめる殲滅戦といえるものだったろう。そこには正規の武士たちならもっていた戦場での心得といったものは微塵もなく、だからこそ千余人を討ちとることができたのではないか。

北条氏が風間らの無道ぶりを承知しながら、なお使いつづけ、功あるときには氏政自らが感状を発しているのも、その辺への期待があったからに違いない。

8 風間らのもう一つの顔

天正十年（一五八二）九月、風間出羽守と、その麾下の軍団が信・遠の国境で山家三方衆に大被害を与えた戦いは、われわれが普通に忍びの任務と考えている隠密行動とは少し違っているような印象がある。もっと大がかりで、山野を揺るがす合戦だったといえるのではないか。

これを忍びの部隊がもっている「荒ごと」を担当する一面だとするなら、⑥の史料が語っているのは、もっとひそやかな、いっそう彼らの本務に近い活動のように思われる。これも、まず原文を掲げておきたい（ただし、読みにくいところがあるので、飛ばしていただいてよい）。

「今日之構肝要之処候、然者夜中之仕置極候、兼而不申付儀者俄ニ成かたく候、日中さへ厳敷候事者あわたゝしく候、いわんや夜中之儀者、兼而之仕置専一候条、風間処江堅加勢専一候、第一かきを一里許可被申付候、又かゝりニ極候、夜中くらく候まゝ堅可被申付候、返々夜分の

用心専一ニ候、大かたニ覚悟ニ而ハ口惜候、又煩ハ如何、くわしくきゝ度候、
十郎殿へ」

この書状には年月日も差出人も欠けている。宛て先の「十郎殿」は、北条氏第四代・氏政の三男とも四男ともいわれる北条氏房（一五六五―九二年）のことである。氏房は天正十年に岩付城主になっているが、実権は隠居の氏政がにぎっており、これを氏房に譲ったのは、氏房が同十三年に結婚してのちのことであった。

その内容に加え、同じ文面の史料が「氏政書状写」に含まれていることから、差出人は氏政に間違いなく、その日付けは天正十三年からの数年のあいだであったと考えられる。

右を現代文にすれば、おおよそ次のようになるのではないか。

「ただ今の構えは、ことに肝要であり、とりわけ夜分の備えを極めておかなければならない。かねて（家臣たちに）申しつけておかないことは、にわかには実行できない。日中でも（備えを）厳しくすることは、あわただしいものだが、夜分となると言うまでもない。あらかじめの備えが何よりも大事で、（そのためには）風間のところへきっと加勢を出しておくことが大事である。まず第一に「かき（嗅《か》ぎ＝偵察）」を一里ばかり申しつけ、また篝火《かがりび》を十分に焚くことである。夜分は暗いので、これは堅く申しつけなければならない。（とにかく）夜分の用心には返すがえす心してもらいたい。通りいっぺんの心がまえは感心しない。また何か困ったことはないか、詳しく聞かせてほしい」

氏政は、敵方の夜分の奇襲や偵察行動にぬかりなく備えることを、息子にしつこいほど忠告しているのである。

当時（といっても正確にいつのことかわからないが）、例えば氏房が結婚した翌年の天正十四年（一五八六）ごろ、北条氏は豊臣氏や上杉氏の動きに対抗して小田原城、伊豆韮山城、岩付城などの防備をしきりに強化していた。その年の三月から四月にかけては各地で常陸の佐竹氏、下野の宇都宮氏らと合戦を繰り返している。

さらに同年の暮れには、いったん北条氏と同盟を結んでいた徳川氏が豊臣政権に組み込まれ、北条氏にとっては強力な敵が一つ加わることになった。北条氏は存亡の危機にあったといってよかった（実際、四年後に秀吉に滅ぼされている）。

そのような状況下で、北東方面の要の岩付城を守る氏房に念には念を入れるようにさとしたのが右の書状であった。

注目されるのは、その折り、

「風間処江堅加勢専一候（風間のところへきっと加勢を出しておくことが大事である）」

と述べたくだりである。

①、②の朱印状からもうかがえたように、城まわりの警備ことに反北条軍から繰り出されてくる忍びの発見、捕捉が風間部隊の恒常的な任務であったことを、はっきりと裏づけている。

風間は、やはり忍びたちの頭目であった。

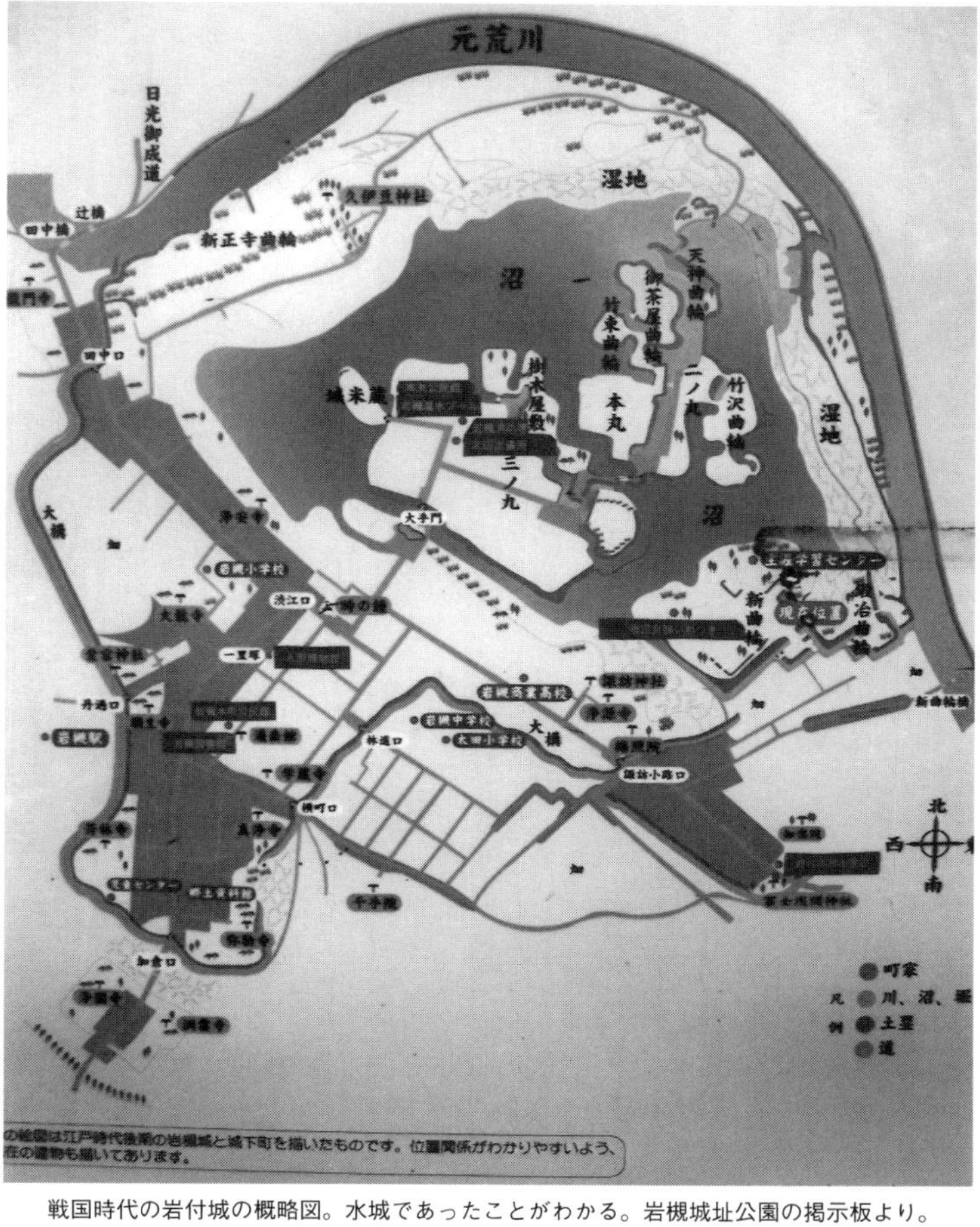

戦国時代の岩付城の概略図。水城であったことがわかる。岩槻城址公園の掲示板より。

9 「嗅ぎを一里ばかり放て」

北条氏政が、息子の岩付城主・氏房に指示した城防御の心がまえとして、いたって具体的な忠告が二点あった。嗅ぎを一里（およそ四キロ）ばかり配置しておくことと、夜は篝火をくまなく焚いて、あたり一帯を明るくしておくことである。後者については、とくに説明は要しまい。だが前者は実際には、どんなことをするのだろうか。

書状に「かき」と書かれているのは、江戸期以前には一般に濁点、半濁点を使う習慣がなかったからで、今日なら「かぎ（嗅ぎ）」としたはずである。「嗅ぎ」の語は現今の一部の国語辞書にも載っている。その意味は斥候すなわち偵察者、とくに夜間のそれである。「（臭いを）嗅ぐ」に由来することは、いうまでもない。

この言葉は例えば『甲陽軍鑑』などにも見えている。同書は、甲斐の戦国大名・武田信玄、勝頼二代の事跡にもとづいて、江戸時代の初期に編纂された軍学書である。著者については諸説があるが、ここでは取上げる必要はない。

全二〇巻、六〇品《ほん》のうち第四二品の「味方夜軍《よいくさ》をせんに」と題された項に次のようなくだりがある。

「一、伏かまりに風の大事、口伝、かまりの物見は、かきもの聞と云ふ」

ここでは「かき」「もの聞」と並んで出てくる。ほぼ同義としたものであろう。「かまりの物見」を、そういうとしているのである。

それでは「かまり」とは何か。これは語源にさかのぼって考えると理解しやすい。

その動詞形は、もちろん「かまる」である。かまるは卑見では、わだかまるのかまると同じだと思う。わだかまるは、いまでは「心の中に引っかかるものを覚える」といったような意味で使われるが、原義は「蛇がとぐろを巻いて、かがまる、うずくまる」ことである。つまり、「輪で（輪をなして、わだは輪で、または輪に、の転訛か）」かがまっている状態を指したらしい。となると、かまるは「かがまる」と同語源になる。

さいたま市岩槻区太田の岩槻城址公園

「島津の捨てかまり」の言葉は、それを裏づけている。
薩摩（鹿児島県の西部域）の島津氏は関ヶ原の戦いで敗れ、退却する際、主君・義弘を生きて薩摩へ帰すため、残った兵の大半を犠牲にする作戦をとった。退路のあちこちに数人ずつ銃を持った者たちを伏せ、彼らは全員が討ち死にの覚悟で追撃軍を迎えうったのである。その折り、直前まで敵に気づかれないように地にあぐらをかいて座っていたことから、その布陣を「座禅《ざぜん》陣」とも呼んだといわれる。座り込んだ死武者《しにむしゃ》、死兵《しにひょう》であり、主君のための捨て駒であった。

それが「捨てかまり」だが、かまりとは座って（かがまって）伏せていたことを示している。そうだとするなら、『甲陽軍鑑』の先の一文に見える「伏《ふせ》」「かまり」は、「伏せている者」「かがまっている者」のことである。要するに、忍びのことにほかならない。

結局、全体は、

「一、伏、かまりには、そのときの風が大事である。これは口伝（である）。かまり（忍びの者）が行う物見のことを嗅ぎ、もの聞きという」

の意になる。

話を北条氏政の書状に戻すと、氏政は息子に嗅ぎを岩付城の外縁から四キロの線まで、すき間なく配置しておくように忠告したのである。それが、

「第一かきを一里許可被申付候（一里ばかり申し付けらるべく候）」

であった。

おそらく最外周に、ある距離をおいてぐるりと嗅ぎを伏せ、その内側にも何重かの防御線を敷いたのではないか。それだけの手厚い布陣になると、風間の部隊だけでは人数が不足する。それで普通兵の加勢をうながしたのであろう。

風間らが「かまり（忍び）」であったことは疑いがない。『北条五代記』や『関八州古戦録』が語る「風广」「風間小太郎」は、風間出羽守をもとにしていたのである。

【コラム】① 古代の間諜《かんちょう》——中大兄皇子をめぐって

忍びが、もっとも活発に動いた時期は、ことの性質上やはり戦国時代であったろう。その存在は戦乱や覇権争い、権力闘争を背景にしていたからである。つまり、平和な世になれば、おおかたが消えることになる。既述のように、三浦浄心の『慶長見聞集』には江戸開府後、関東一帯を荒らしまわっていた盗っ人の集団は、

「古の風魔が一類らつは（ラッパ）の子孫どもなり」

の一文が見えるが、これはラッパ（忍びのこと、乱波《らつぱ》と書いたりする）が、もはや用なしになったことを語っているに違いない。

もちろん全面的な武力による潰し合いがなくても、忍びの暗躍はあり得た。江戸時代には、ごく初期を除けば戦争と呼べるほど大がかりな武力衝突はなかった。しかし、幕府による諸藩とくに外様大名の領国に対する不断の偵察・探索が行われていたらしい。これも結局は、起きるかもしれない反乱を前提にしていたといえる。

古代にも戦闘、謀反はあった。となると、忍びもいたはずである。ただ、その実際を明らかにすることは難しい。ここでは、もっぱら『日本書紀』（七二〇年の成立）を史料として、

中大兄皇子（のちの天智天皇、六二六―六七二年）の事跡から当時の謀略戦の一端をうかがってみたい。

中大兄皇子（なかのおおえのみこ、今日では、なかのおおえのおうじとも）の生涯は相当に血なまぐさいものであった。その点では、ずっと後世の戦国大名と共通するところがあったかもしれない。

中大兄は皇極天皇の四年（六四五）六月十二日、母である皇極の面前で、自ら蘇我入鹿《いるか》に、「剣《たち》を以《も》て入鹿が頭肩《あたまかた》を傷《やぶ》り割《そこな》ふ」重傷を負わせている。このあと佐伯連子麻呂《さえきのむらじこまろ》、稚犬養連網田《わかいぬかいのあみた》がとどめを刺した。中大兄本人が暗殺の口火を切ったといえる。

翌日、入鹿の父・蝦夷《えみし》は自害し、そのころ絶大な権力をほこっていた蘇我氏の宗家は滅びる（乙巳《いつし》の変）。このクーデターは書紀では、中大兄と中臣鎌足《なかとみのかまたり》の密謀によるとなっている。これに対し、彼らの背後には、蝦夷の自害後、皇位に就いて孝徳天皇となる軽皇子《かるのみこ》が黒幕の立場にいたという説などもある。だが、いずれであれ、朝廷の中枢を舞台にした大きな謀議が行われ、その中核に中大兄がいたことは間違いあるまい。そうであるなら、文献にこそ現れないものの、さまざまな諜報戦が繰り広げられていたと思われる。中大兄が以後もかかわる三度に及ぶ政変は、それを裏づけているのではないか。

- 古人大兄皇子《ふるひとのおおえ》の叛

蘇我入鹿の暗殺から三ヵ月ばかりのちの大化元年（皇極天皇の四年＝六四五）九月十二日、吉備笠臣《きびのかさのおみ》垂《しだる》が中大兄に、古人大兄皇子が蘇我田口臣川堀《かわほり》らと謀反をはかっていると訴え出た。古人大兄は皇極の前の天皇・舒明《じょめい》天皇の第一皇子だが、政争に巻き込まれることを恐れてか、乙巳の変のあと出家して奈良・吉野へ隠退していた人物である。その古人をかついだ謀反のくわだてを漏らした垂《しだる》は、その際、

「臣《やつかれ》、（古人らの）徒《ともがら》に預《くわわ》れり。故今《かれ》自首《あらわしもう》す」

と述べている。古人側の陰謀に加わっていたが、裏切って自首したというのである。こんな話は、にわかには信じがたい。むしろ、垂は中大兄が古人のもとに放った間諜だったと考える方が自然ではないか。

それは、中大兄の潜在的な政敵であった古人が謀反の罪で、その子らとともに殺されたこと、垂が密告の功で功田二〇町（一町は、およそ一ヘクタール）を賜った（『続日本紀』による）ことからも推測できそうである。

・蘇我倉《そがのくら》山田石川麻呂の叛

右から四年ほどたった大化五年（六四九）三月二十四日、蘇我臣日向《ひむか》が中大兄に、異母兄の蘇我倉山田麻呂が、

「皇太子《ひつぎのみこ》（中大兄）の海浜《うみへた》に遊びませるを伺ひて、害《そこな》はむとす」

と讒言する事件が起きている。

山田麻呂は当時の右大臣で、乙巳の変に際しては中大兄に与《くみ》していた。それが異母弟から謀反の疑いで訴えられたのである。

翌日、山田麻呂は本貫の地の山田寺（現奈良県桜井市山田）へこもって自害する。その折り妻子八人が殉じている。

のち山田麻呂の無実であることがわかり、中大兄は悔やみ恥じたが、再び政敵を葬り去れたことに違いはなかった。讒訴《ざんそ》した日向は筑紫大宰帥《おおみこともちのかみ》に任ぜられている。書紀によれば、これについては、栄転のごとく見せかけて身辺から遠ざける「隠《しのび》流し」だろうとの噂が世間にあったという。しかし、中大兄が全く関係なかったとしたら、これは生ぬるい処置だといえるのではないか。

・有馬皇子の叛

さらに九年後の斉明天皇の四年（六五八）十一月三日、斉明が紀温湯《きのゆ》（現和歌山県白浜町の白浜温泉）へ行幸中、留守官の蘇我赤兄臣《あかえのおみ》が、前天皇・孝徳の皇子である有間皇子に、斉明政権の三つの失政をささやいて、暗に謀反をそそのかしている。有馬は赤兄が味方だと信じて、その意思があることを伝えた。

翌々五日、有馬は赤兄の家で密議をこらしていた際、脇息《きょうそく》（ひじ掛け）の足が折れたことを不吉として謀反の中止を決めた。ところが、その夜、赤兄は物部朴井《えのい》連鮪《しび》をつかって有馬の家を囲んで有馬を捕え、紀温湯の天皇のもとへ送ってしまう。ここで中大兄が有馬を尋問

し、

「わたしは何も知らない」

と答える有馬を藤白坂（和歌山県海南市藤白）で絞首した。

注目されるのは、赤兄の手足となって動いた「物部朴井連鮪」が、古人大兄皇子の叛のとき謀反側の古人に付いていた「物部朴井連椎子《しいのみ》」と同一人の可能性が高いことである。これに誤まりがないとすると、かつては反中大兄の一員だったはずの鮪《しび》が、いつの間にか中大兄のために働いていたことになる。これから考えて、物部朴井も吉備臣垂と同じように、中大兄の諜者だったとしても不思議ではない。

ここで取上げた乙巳の変および三つの叛には、似たところが少なくない。これらを素直に眺めるなら、中大兄という人物の策謀に満ちた政敵つぶしの容赦なさを感じる。そこには、たしかに間諜の陰がちらついているように思われる。

第二章　一条兼定へ放たれた忍び植田次兵衛のこと

1　前関白《さきのかんぱく》の土佐下向

北条氏麾下の風間一党は、忍びといっても配下数百人を数える軍団であり、その主な任務は前線における奇襲戦・ゲリラ戦にあったらしく思われる。彼らは、おそらくはならず者の寄せ集めで、だから十分な統制がとれておらず、駐屯地では乱暴・狼藉のふるまいが絶えなかったのである。

いわば金で雇われた身であって、仕える大名家への忠誠心はとぼしかったに違いない。こんな連中に、家中の機密はとても任せられなかったろう。それを持って、いつ敵側に寝返られるかわからないからである。

「お前らは白兵戦で命を張れ」

これが使う側の求めるところだったのではないか。

本章で取上げるのは、これとは全く違う、ある高度の隠密情報の収集にかかわった一人の忍びの話である。この種の活動が、それを実行した者の実名とともに史料に記録されることなど通常はありえまい。わたしが、ここで基本資料として用いているのも文献ではない。子孫の方々のあいだで、ひっそりと語り継がれてきた伝承である。

それだけに細かな状況説明には欠けており、信憑性の高い史料をもとにした肉付けが必要になる。手始めに、土佐一条氏が成立するいきさつについて知っておくことが、のちに起きることを理解するうえで役立つと思う。

一条家は、公家の中でも最高位に位置づけられていた五摂家《ごせつけ》の一つであった。この家系からは、しばしば天皇を補佐し、天皇に次ぐ地位に当たる関白を出していた。

例えば、応仁の乱が勃発した応仁元年（一四六七）の五月には、関白は二条持通《もちみち》から一条兼良（かねよし、かねらとも）へ交替している。持通の前の関白は、兼良の子の一条教房《のりふさ》であった。一代はさんで親が子のあとを継いだのは、兼良が十数年ぶりの再任だったことと、教房が応仁の戦火を避けて奈良へ移るという特別の事情があったからではないか。

しかし、戦乱はしだいに京都の周辺へも広がっていき、教房は応仁二年九月、奈良をたって土佐を目指した。なぜ土佐かといえば、この国の幡多《はた》郡（現在の高知県南西部）に一条家の荘園があったためである。同家は合わせて十数ヵ所に領地を有していたが、その中で幡多荘が最大だったらしい。

とはいえ、そこが荘園として以前のように安泰だったわけではない。一条兼良が、もう一人の子の冬良に与えた有職故実《ゆうそくこじつ》などの書『桃華蘂葉《とうかずいよう》』には、

「幡多郡には家領の村々があるが、知行しているといっても年貢が入らず、有名無実の状態である」

と述べているほどであった。しかし、ほかとくらべて、まだましだったことは間違いあるまい。

教房は少数の家臣を従え、船で大坂・堺を出発、甲浦《かんのうら》（現高知県安芸郡東洋町）、井ノ尻（同県土佐市）など太平洋岸の港をたどって西行し、九月中に無事、幡多郡の主邑・中村（現四万十市）へ着いた。それは亡命とでも呼ぶべき下向であった。かつての関白としては、まさしく都落ちの思いであったろう。

教房は、これから一二年後の文明十二年（一四八〇）十月、この地で死去し、同地の奥御前谷《おくごぜんだに》（四万十市中村丸の内字御前谷）に葬られた。五八歳だった。文字どおり、異郷に骨をうずめたことになる。

そのあとを継いだのが、二男の房家である（長男の政房は房家誕生の前に、応仁の乱に巻き込まれて殺されていた）。房家は父が死ぬ三年前の文明九年（一四七七）、幡多郡の在地国人《こくじん》（土豪）・加久見《かくみ》氏の女《むすめ》を母として現地で生まれている。血からいっても、その後の境涯をみても、ほとんど土佐人といってよかった。

この房家が土佐一条氏の初代になる。一方、京都の一条氏は、教房の弟の冬良が継ぎ、こちらは京都一条氏と呼ばれる。もし戦乱の世でなければ、京都一条氏の方がずっと家格が高かったろうが、時代が時代だっただけに京都側は経済的に土佐側に頼っていた面があり、必ずしもそうとはいえなかった。

土佐一条家は房家の長男・房冬が継いだのに、京都一条家は房冬の弟の房通に譲られているのも、その辺と関係があるのではないか。

2 公家大名から戦国大名へ

武家たちが軍事力と政略のかぎりを尽くして、領地の奪い合いに自らと一族の命をかける時代になると、関白や五摂家の権威など飾りに近くなっていたろうが、それでも鳥の羽ほど軽かったともいえまい。それは、豊臣秀吉が関白の地位を得るのに千金を費やして惜しまなかったことからもうかがえる。

とりわけ、かつては遠流《おんる》の国であった土佐のような辺陬《へんすう》では、その肩書はまだ一定以上の影響力をもっていたらしく、教房が中村に腰を落ちつけると、在地の国人層には教房の支配に従う者が増えていった。これには、前関白の教養や、領地経営の能力などもあずかっていたようである。

幡多郡は、土佐の七郡の中では最大であり、讃岐（香川県）一国の三分の二ほどの広さがあっ

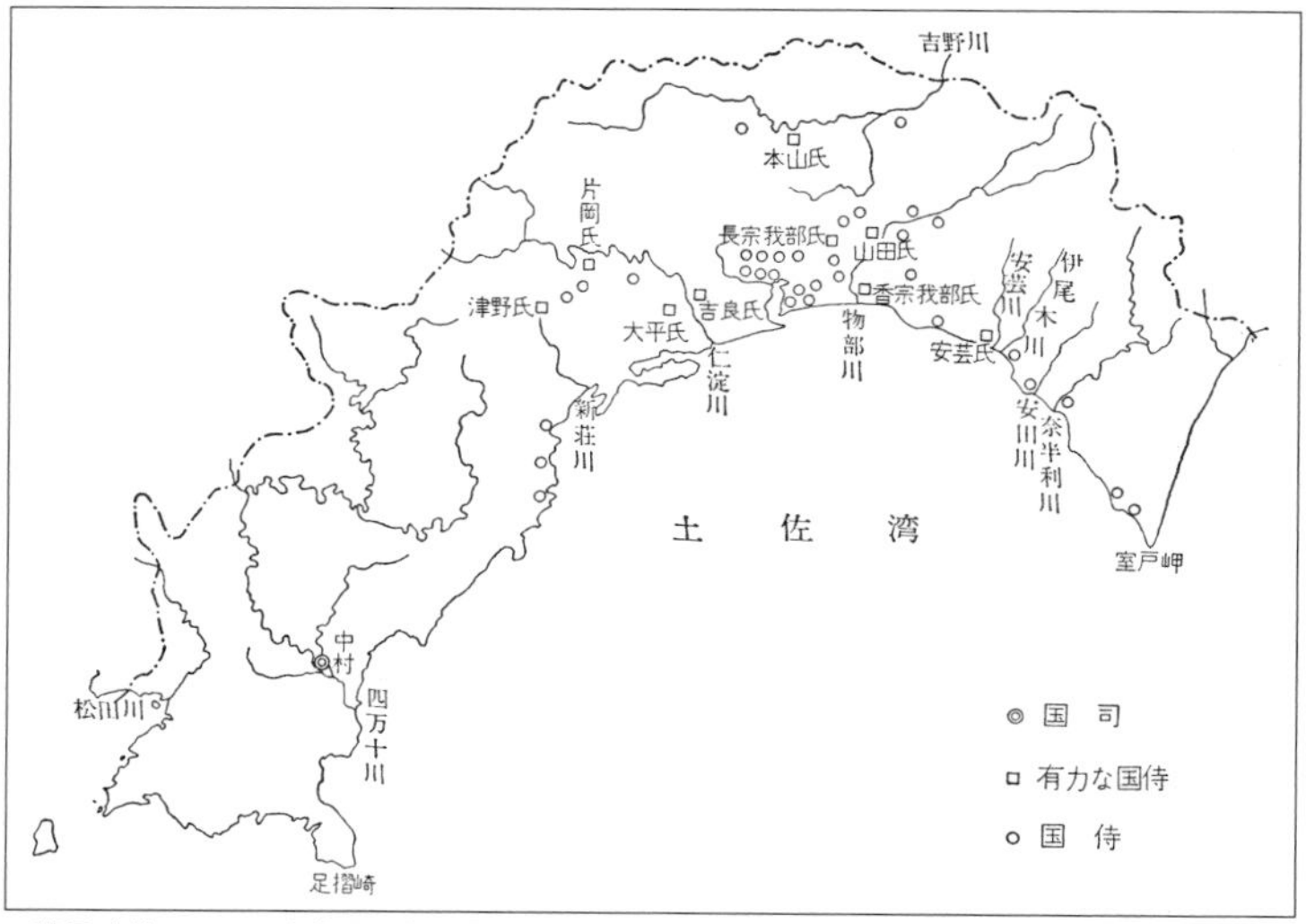

戦国時代における土佐国の主要豪族の分布図（山川大『高知県の歴史』山川出版社、より）

た。平地は多くないものの、水と気候にめぐまれ、農業生産力はそう低くはなかった。教房・房家の父子は、その年貢を確実に掌握したうえ、領内に豊富だった森林資源を中央へ移出して利益を上げることができた。さらに、畿内と九州を結ぶ海路の要衝に位置することを生かした対中国・朝鮮・南西諸島・東南アジアとの中継貿易によっても力をたくわえ、やがて押しも押されもせぬ大名へ成長していった。伊勢（三重県）の北畠氏、飛騨（岐阜県）の姉小路氏、伊予（愛媛県）の西園寺氏などと並んで、公家の出だったことから「公家大名」と呼ばれる。

　四万十川の河口に近い中村は、累代の一条氏によって京都を模した町として整備された。碁盤の目状の町割りは今日もそのままでであり、町の東方の東山や、北西方に残る鴨川の地名（現行の住居表示では四万十市口、中、奥鴨川）は京都にならったものだといわれる。鴨川は、町の東を流れる後川《うしろ》（四万十川の支流）を数キロさかのぼった地名であることを考えると、後川を「鴨川」と称していたのではないか。

戦国の諸勢力の帰趨が、まだはっきりと定まる前の一六世紀の前半ごろ、土佐には「七雄《しちゆう》」と称される有力国人が割拠していた。東から、

- 安芸氏　五〇〇〇貫
- 香宗我部《こうそがべ》氏　四〇〇〇貫
- 長宗我部氏　三〇〇〇貫
- 本山氏　五〇〇〇貫
- 吉良氏　五〇〇〇貫
- 大平氏　四〇〇〇貫
- 津野氏　五〇〇〇貫

である。

一貫を二石とすれば、五〇〇〇貫は一万石になり、江戸時代の基準なら最少規模ながら、いちおう大名の部類に入る。

これらに対し、いちばん西の一条氏は一万六〇〇〇貫、七雄の上に君臨する別格の地位にあった。

そうして、一条氏は天文十五年（一五四六）、三代房基《ふさもと》の時代に東隣の津野氏、大平氏を相次いで滅ぼし、土佐国の西半分を支配下に置いている。もはや、純然たる戦国大名といってよかった。

3 長宗我部元親の台頭

土佐一条氏の三代房基は天文十八年（一五四九）四月十二日、二八歳の若さで急死する。自死だとされているが、その原因ははっきりしない。

あとを継いだ嫡子の兼定《かねさだ》（一五四三―八五年）は、まだ七歳だった。当然、自ら政務を執ることはできず、祖父房冬の弟で京都一条家の当主になっていた房通が後見をしたといわれている。しかし実際は、土佐一条家の重臣・源康政が中心になって、その役を果たしていたようである。

永禄元年（一五五八）、兼定は一六歳で伊予大洲《おおず》城（現愛媛県大洲市）の城主・宇都宮豊綱の女を室とした。このころ一条氏は依然として、土佐最強の大名であることに変わりはなかった。

ただし、かつては七雄の中では最少の領地しかもたなかった長宗我部氏が、じわじわと勢力を拡大しつつあった。
長宗我部氏は、いまのJR高知駅から東北東へ八キロほどの南国市岡豊《おこう》を本貫の地にしていた。永禄元年ごろまでには、近隣の天竺氏、横山氏、山田氏らの国人（土豪）層を滅ぼしており、同三年（一五六〇）、国親の死亡後に元親（一五三九―九九年）が家督を継いでいる。

「土佐の出来人」

戦国大名としての器の大きさからであろう、そう呼ばれていた元親は、元亀元年（一五七〇）ごろまでに土佐の東半分を手中に収める。土佐は長宗我部氏と一条氏の二強時代に入ったのである。そうなると、この時代の常として、両雄の激突は避けられなかった。
その一方の一条兼定の評判は、どうだったのだろうか。

長宗我部元親像

「形義《ぎょうぎ》荒き人にて、家中の侍共《ども》少しの科《とが》にも扶持を放し、腹をきらせるなどせらるる」（一六三一年成立の『元親記』）

「生質《せいしつ》軽薄にして常に放蕩を好み、人の嘲《あざけり》を顧みず、日夜只《ただ》酒宴遊興に耽《ふけ》り、男色女色し諛《へつらい》をなし、又は山河に漁猟を事とし」（一七〇八年成立の『土佐物語』）

などと、すこぶる芳しくない。

もっとも、これは長宗我部氏の側に立って書かれた文章だから、そのまま受け取ることには問題がある。いずれにしろ、のち元親は四国全土を制覇して、秀吉と対立するほどの勢いを示したのに、兼定は元親との争いに敗れて伊予へ追われ、その地で失意のうちに生涯を終えている。その結果からみれば、戦国期の武将として元親に劣るところがあったといえるかもしれない。

4　渡川《わたり》の合戦

一条氏が長宗我部氏の勢いに押されつつあった天正二年（一五七四）二月、土佐一条氏四代の兼定は、豊後（大分県）の戦国大名・大友宗麟《そうりん》のもとへ向かって所領の幡多郡を出発している。兼定は、これより一〇年前の永禄七年（一五六四）、先室の宇都宮豊綱の女《むすめ》と離縁し、宗麟の女と再婚していた。兼定の母は大友氏の先代・義鑑《よしあき》の女だから、兼定にとって大友家は母と妻の実家になる。

だが、長宗我部氏の軍事力がひしひしと迫ってくるなか、なぜ中村の居城を離れたのだろうか。これについては従来、江戸期の軍記物が語るところにしたがって、兼定は重臣たちに豊後へ追放されたと説明されることが多かった。しかし近年の研究によれば、この九州行きは、兼定の祖父房冬の弟で京都一条家を継いだ房通の孫・内基（ただもと、また、うちもととも）の画策の結果だった可能性が高い。

内基がどうして、そんなことをしたのか必ずしも明確ではないものの、兼定が元親相手に真っ向から雌雄を決しようとしているらしいことを危惧したのではないか。このころの両者の勢力からみて、一条氏の勝ち目はうすく、しゃにむに全面戦争に突っ込めば、土佐一条氏は滅亡する恐れが強かった。経済的に土佐側に頼っていた内基としては、それは何としても避けたかったろう。

年月は不明ながら、この前後、兼定の嫡子・内政《ただまさ》は元親の女と結婚したうえ、元親が起居する岡豊城にほど近い大津城（現高知市大津）で暮らしはじめている。すなわち、一条氏の当主も跡継ぎも、居城を離れてしまったことになる。

ちょうどこの時期の元亀四年（一五七三）七月から天正三年（一五七五）五月まで、京都の一条内基は二年近くにわたって土佐に滞在していた。一連の対策に当たっていたと考えると、間尺が合うといえる。

ところが、内基の配慮（たしかに、あったとしてのことだが）は、兼定によってぶち壊される。天正三年のおそらく夏か秋ごろ、兼定は豊後を立ち伊予の法華津《ほけつ》、津島、御荘《みしょう》各氏の兵を率いて渡川（四万十川の旧称）西岸の栗本城に陣を敷き、対岸の中村城を守っていた長宗我部氏重臣の吉良左京進に向かい合ったのである。兼定は、つい一年半ばかり前まで、自らが拠っていた城を奪還する決意を示したことになる。

このときの兼定軍は三五〇〇人くらいだったらしい。それは法華津氏らの伊予勢と、兼定にずっと付きしたがってきた家臣団の混成部隊であったと思われる。伊予の三氏は、いずれも幡多郡に接する南宇和地域の土豪たちである。彼らは、やがて長宗我部氏が伊予へ襲いかかってくることを予想し、いわば先制攻撃のつもりで兼定の呼びかけに乗ったのであろう。

この軍団に大友氏の兵は加わっていなかった。当主の宗麟は、娘婿・兼定の幡多侵攻を強くいさめたか、少なくとも反対の立場だったに違いない。彼我の戦力差を冷静にはかりにかけていたのではないか。

「渡川の合戦」と呼ばれるこの戦闘は、初めのうちこそ一条軍が優勢だったようだが、元親がはるか東方の岡豊から本隊を率いて駆けつけると、たちまち腰がくだけて伊予へ退散してしまう。ただし、天正三年のいつごろ開戦し、いつ終結したかも含めて、その推移にはわからないことが多い。

とにかく、敗軍の将となった一条兼定は、豊後水道に面した宇和海《うわかい》の離島・戸島《とじま》(現愛媛県宇和島市戸島)に身をひそめる。戸島は、同じ宇和海の法華津浦(現在の法花津湾)を名字の地とする国人・法華津氏の所領であった。同氏は既述のように、渡川の合戦に際し、兼定に合力した伊予衆の一人である。兼定は、その法華津氏に警備の容易な離れ小島へかくまわれたことになる。

兼定は本貫の幡多を追われたとはいえ、再起の野心を失っていなかったと思われ、長宗我部氏にとっては依然として敵方の重要人物であることに変わりなかった。できることなら、大事に至らないうちに取り除いておきたかったろう。そのような事情のもとで進められたのが兼定の暗殺計画であった。

5　戸島と水軍の将・法華津《ほけつ》氏

愛媛県南西部の中心都市・宇和島市は、豊後水道の四国側海域を指す宇和海に臨んでいる。ただし、この一帯の海沿いは典型的なリアス式海岸で、湾の中に湾があり、そこにまた小さな湾が点在する、すこぶる複雑な地形をなしており、そのいちばん奥に位置する宇和島市街からは広々とした海は見わたせない。

市街の前の小湾に宇和島港があり、そこを出た先が宇和島湾になる。これは、そのまま宇和海につながるが、その南側にタツノオトシゴのようなぎざぎざのたくさんある細長い蒋渕《こもぶち》半島が、ほぼ北西方向に突き出している。同半島の沖に浮かぶ、Ｙの字を左に倒したような形の小島が、一条兼定が隠れ住んだ戸島である。主邑の本浦《ほんうら》は、宇和島城から直線距離で二〇キロほどであろう。

宇和海は古くから、のちに「水軍」と呼ばれるようになる武装海民たちが跋扈する海域であった。天慶《てんぎょう》二年（九三九）十二月、部下に備前（岡山県南東部）、播磨（兵庫県南西部）両国を襲わせて朝廷に反旗をひるがえした藤原純友《すみとも》は、戸島の六キロばかり西の日振島《ひぶりじま》を本拠にしていた。

右の事件とほとんど同じころ、関東では平将門が「新皇《しんのう》」を称して京都の朝廷の権威に反抗したため、東西呼応した謀反ではないかと朝廷側を震撼させたが、将門と純友が通じていたことを示す史料は知られていない。

双方の前段階の軍事行動を含めて、後世の史家が承平天慶《じょうへい》の乱（九三五―九四一年）と名づけた反乱のうち、将門の乱はわずか二ヵ月で鎮圧されたのに、純友の乱は平定までに一年半を要している。つまり、それだけ国家権力にとっては純友の方が手ごわかったことになる。

中世の後期、宇和島湾の周辺は法華津氏の支配下にあった。同氏は、既述のように宇和海が切れ込んだ法華津浦（現在の法花津湾）を名字の地にしていた。法華津浦は、宇和島湾の一つ北側の湾である。

ちなみに、ホケツのホケは崖を意味していると思う。すなわち、徳島県三好市の大峡谷・大《おお》歩危《ぼけ》、小歩危のホケと同語で、カケ、ガケ、ハケ、バケなどと語源を同じくしていると考えられる。実際、法華津氏が拠っていた法華津城も西側を除く三方が絶壁になっている。ほかにも湾沿いには急崖が目立ち、ホケツは「崖の多い津（船だまり）」を指すと解釈すれば、よく地形に合致する。

法華津氏は、兼定をかくまっていたころは伊予西園寺氏に従っていた。西園寺氏は京都西園寺家の庶流で、黒瀬城（現西予《せいよ》市）を拠点にする公家大名の一人であった。

法華津氏にかぎらず宇和海沿いを領地にする国人たちは、みな水軍に分類できる軍事勢力だった。一六世紀の後半ごろ、その法華津氏が宇和島湾一帯を支配していたのである。日振島も戸島も蒋淵半島も、同氏に掌握されていた。

戸島の主邑・本浦東側の小高い丘は、いま城《しろ》ノ山と呼ばれ、戸島城があったところである。一条兼定がどこにひそんでいたか史料では確認できないが、ここであった可能性が高いのではないか。

いずれにせよ、外部の者が兼定を襲うつもりになっても、実行は簡単ではなかったに違いない。いや、仮に兼定に忠節を誓ったふりをして近づき寝首をかいたとしても、そのあと無事に島を脱出する方が、はるかに困難であったろう。まわりは海であり、その海も点在する島々も、

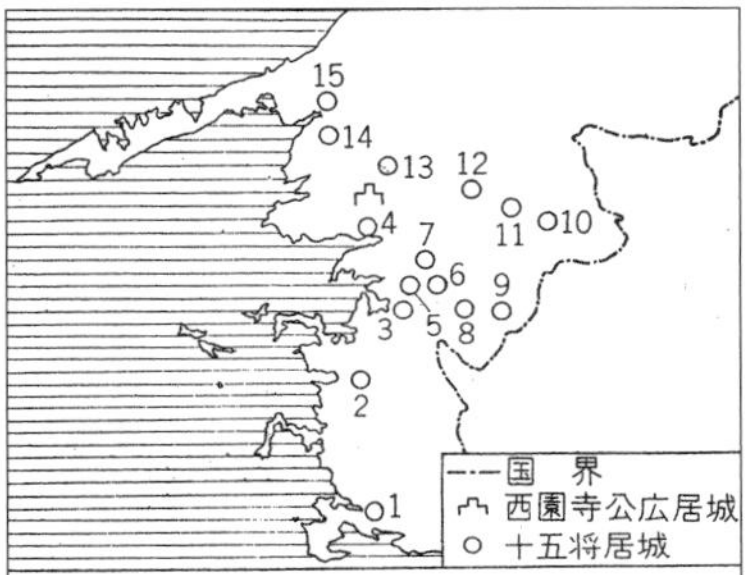

1 勧修寺左馬頭基詮
2 津島弥三郎通顕
3 後西園寺宣久
4 法花津弥八郎前延
5 今城左衛門尉能定
6 土居式部大輔清良
7 河野新蔵人通賢
8 深田竹林院右兵衛佐実親
9 河原渕式部少輔教忠
10 北之川安芸守通安
11 魚成上総助親能
12 宇都宮左近丞乗綱
13 宇都宮石見守宣綱
14 南方摂津守親安
15 宇都宮彦右衛門尉房綱

公家大名・伊予西園寺氏と、その麾下にあった「十五将」の居城（田中歳雄『愛媛県の歴史』山川出版社、より）

ことごとく兼定を庇護していた水軍の将・法華津氏の宰領するところだったからである。しかし、兼定暗殺は計画される。その暗殺者の、とくに逃走経路を確保するために、戸島へ放たれた忍びがいた。それが植田次兵衛であった。

6　高知県幡多郡黒潮町加持《かもち》字猿飼

土佐一条氏が居城を構えていた中村の市街から北東へ一〇キロほどに、加持という村がある。加持は土佐湾（太平洋）まで二キロくらいに位置するが、ずっと昔から純然たる農村地帯であった。

加持は、『万葉集古義』などで知られる幕末の国学者・鹿持雅澄《かもちまさずみ》（一七九一―一八五九年）の名字の地である。二つの「かもち」の文字が少し違っているのは、地名の漢字表記は時代ごとに異なる場合が少なくないことによっている。

雅澄は「飛鳥井《あすかい》」と名乗ることもあった。それは彼が飛鳥井雅量《まさかず》の子孫だったからである。雅量は土佐一条氏の重臣であった。応仁の乱の際、前関白・一条教房にしたがって京都から土佐へ下向《げこう》してきたといわれる。そのようにして、一条氏と行をともにした公家は東小路、西小路、入江、白川などほかにもいた。彼らと飛鳥井氏は、幡多の中村にあって一条家の「五家《ごけ》」と呼ばれていた。いずれの家も、おそらくもとから一条家に仕えていたのではないか。

五家の家中での役割は、どちらかといえば軍事以外のことに宛てられていたらしい。一条家

高知県幡多郡黒潮町加持字猿飼

には別に土居、羽生《はぶ》、為松《たんまつ》、安並《やすなみ》の「家老四家」と称される家柄があって、戦闘にかかわることは、こちらが担当していたようである。彼らの出自は、いずれも土着の国人層だったと思われる。

飛鳥井家は、京都にあったころから代々、歌道と蹴鞠《けまり》の家として知られ、雅量も両方をよく修めていた。ずっと後世、雅澄が蹴鞠はともかく、『万葉集』の研究で大きな足跡を残したのも、その伝統を受けついでのことであろう。雅澄は高知城下の郊外・福井（現高知市福井町）の生まれだった。

加持は、加持川沿いの本村《ほんむら》、田村、小川の三地区に大別されるが、そのどれからも一――一・五キロばかり離れた北東部の山すそに、ささやかな集落があり、それが猿飼である。

猿飼は、さらに三つに細分され、北から奥

猿飼、中猿飼、西ノ窪と通称している。昭和の末年ごろの戸数は合わせて一五で、それがちょうど五戸ずつ三つの地区に散らばって家を構えていた。当時は全戸が植田姓を名乗っていたが、その後、転居や死亡で空いた家に外から移り住んできた新住民がいて、平成二十四年（二〇一二）現在で、別姓の家が三戸あった。

わたしが初めて猿飼を訪ねたのは、平成十八年（二〇〇六）三月のことである。「はじめに」でも触れたように、わたしは当時、猿まわしの民俗を調べていた。その一つの手がかりが、この職業者の定住によって付いたと考えられる地名の土地へ行ってみることだった。例えば「猿飼」にかぎっても、それに当たる地名は高知県黒潮町のほかに少なくとも次の六ヵ所がある。

- 三重県多気郡大台町下真手《しもまて》字猿飼
- 奈良県吉野郡十津川村猿飼
- 香川県綾歌郡綾川町枌所《そぎしょ》東字猿飼
- 徳島県美馬市穴吹町口山字猿飼
- 同県美馬郡つるぎ町貞光字猿飼
- 同県同町半田字猿飼

これ以外にも、猿引、猿屋、猿屋敷などが付く地名もあり、それらを含めて、わたしは少しずつ現地取材をつづけていたのだった。

黒潮町の猿飼を訪れた日は、あいにくの雨であった。のちに西ノ窪ということがわかる地区の家の前で、中年の男性をちらっと見かけたので急いで近づいていった。近ごろの人口稀薄地では、話を聞こうにも人の姿が全く見つからないことも珍しくない。それまでも、その後も、わたしは住民の姿を求めて三〇分も一時間も、村の道を行ったり来たりしたことが数かぎりなくあった。

声をかけた五〇歳くらいだと思われる、その男性は玄関先で次のようなことを話してくれた。

- 猿飼は現在は一〇戸余りで、全戸が植田姓である。
- この村の最初の住民は植田次兵衛といい、四〇〇年くらい前に、ここへやってきて住みついたと聞いている。
- 次兵衛は猿まわしだった。だから、猿飼の地名が付いたのではないか。
- 次兵衛は一条家の殿さまの首を切った者の家来だったといわれている。
- 猿飼の氏神は村のいちばん奥にある。一昨年、社殿を再建して、その折り猿飼神社という名前にした。それまでは、とくに名前はなかった。
- 中村市（実は、この前年、幡多郡西土佐村と合併して四万十市になっていた）の伊才原《いさいばら》にも植田姓が多く、ここと関係があったと聞いている。

後述のように、男性が語ったことには、いくつかの錯誤が含まれている。しかし、ここの地名が、たしかに猿まわしの居住によって付いたらしいことがわかったのは、大きな収穫だった。その猿まわしが、

「一条家の殿さまの首を切った者の家来だった」

という言葉は、さらに印象ぶかかった。

わたしは、伝承についてもっと知りたいと思い、車で村内を走りつづけたが、雨のせいか人影を見ることはなかった。

わたしは再訪を期して、その日は猿飼をあとにした。

7　植田国子さんが語った伝承

平成二十四年（二〇一二）三月十七日、わたしは再び黒潮町猿飼を訪れた。前回から、まる六年が過ぎていた。この日は晴れて、暑からず寒からず、まず申し分のない取材びよりであった。

村へ入ってすぐ、西ノ窪のある家に年配の女性がいるのに気づいた。日なたぼっこでもしているような感じだった。わたしは、そばの道路に車を停めて近づいていき、声をかけた。女性は、こころよく家の縁に座ることをすすめてくれた。そうして、次のような話を聞かせていた

だいた。

・猿飼は、もとは西ノ窪が五戸、中猿飼と奥猿飼で合わせて一〇戸ほどだった。みな植田姓であった。しかし、近ごろになって村の空き家に外から転入してきた人たちが三家族いる。その人たちは、もちろん植田姓ではない。

・わたしは昭和四年（一九二九）の生まれだ（したがって、このとき数えの八四歳、満では八二か八三だったことになる）。

・この村は、猿まわしに化けた落ち武者が隠れ住んだのが始まりだと聞いている。

・猿飼に以前、植田松太郎という人がいた。体が小さかったので、「小松さん」と呼ばれていた。小松さんは、わたしの祖父くらいの年齢だった。村の歴史にとても詳しかったが、わたしはあまりよく知らない。

・わたしが、この家へ嫁に来て間もなく、村の同じ年ごろの女たち数人で中村の一条神社（現四万十市中村本町、一条氏の一族を祀る。後述）のお祭りへ行ったことがある。歩いていったので、二時間ほどかかったと思う。そのとき、いっしょに行った女たちから、「猿飼の人間は、この神社で手を合わせてはいけない」と強い調子で言われた。

・のちに小松さんからも、同じことを聞いた。何でだろう、と不思議に思った。

・二〇年ばかり前、この前の道で猿を見た。そのころ一〇歳くらいだった孫が怖がって田んぼの中へ逃げていった。猿は、そのまま道を走っていった。
・昔は、この辺は、みな百姓だった。田んぼを作っていた。

女性宅を辞したあと、猿飼で会った六〇代らしい女性も、千葉県から移住してきた三〇代の男性も、「猿まわしに身を隠した落ち武者」の話をしてくれたが、それ以上のことは知らなかった。そうして、二人そろって、

「そういう話なら」

と言って、植田国子さんの名を挙げたのだった。

国子さんは、中猿飼に住んでいた。わたしが訪ねていったとき、あいにく留守であった。しかし、ほどなく原付バイクでもどってきた。のちに教えられたことだが、国子さんは大正十五年（一九二六）の生まれだから、当時、数えの八七だった。とても元気で、記憶も話しぶりも年齢を感じさせなかった。次に、植田さんが語ってくれたことを、これまでと同じように文章体で個条書きにしておきたい。

・わたしは、この村の東隣の湊川（いま住居表示上は黒潮町口湊川と奥湊川に分かれている）で生まれた。どんな事情によるのか知らないが、三歳くらいのとき、この家へ養女にもらわれてきた。夫は奥猿飼の生まれで、ここへ壻として入った。

猿飼の氏神・猿飼天満宮

・猿飼の古くからの家は、みな植田姓である。先祖は植田次兵衛といった。次兵衛は、もとは蕨岡《わらびおか》の伊才原（現四万十市伊才原）に住んでいた。長宗我部（当然、元親のことと思われる）の家来に入江左近という侍がいて、次兵衛はその家来だった。
・入江左近は一条の殿さまを殺した人で、次兵衛はそれを手伝ったのではないか。
・長宗我部が戦いに負けた（豊臣秀吉軍に敗れたことを指しているのであろう）とき、見つかったら殺されるので、伊才原から山を越えてここへ逃げてきた。その折り、身元を隠すため猿まわしに化けていた。
・次兵衛は、もとは尾崎姓だったが、ここへ落ちついたあと姓を植田に変えた。伊才原には、いまも尾崎という姓があると聞いている。

●次兵衛は初め、この奥の古屋敷にひそんだ。天神さま（猿飼天満宮のこと、後述）の前の、いま畑になっているところだ。昔は、そこに井戸の跡が残っていた。現在も水が湧きだしている。

●次兵衛には男子が三人いた。長男が奥猿飼に、二男が中猿飼に、三男が西ノ窪に家を構えた。植田姓の者はみな、その分家である。

●二男が住んだのが、この家が建っているところだ。つまり、うちは二男の子孫になる。母親（次兵衛の妻）の位牌はうちにあるので、二男が次兵衛家を継いだのではないか。

●次兵衛は兜《かぶと》を持っていたが、それに付いていた鉛を兄弟三人で分けたと聞いている。それが、うちにも残っていた。探せば出てくると思う。

●次兵衛の墓は天神さまの奥にある。春と秋の彼岸には、そこで先祖祭りが行われる。中村に植田という酢屋《すや》があり、その家からも祭りに来ていたが、代替わりしたあと来なくなった。

●『高知新聞』の短歌の選者をしていた植田馨《かおる》さん（一九二五年生まれ）も、次兵衛の子孫である。

●一条家と植田家は敵《かたき》どうしだから、この村の者は一条神社のお祭りへ行っても頭を下げたり、手を合わせたりしてはいけないといわれている。

●この村の歴史は、わたしなんかより小松さんの方がずっと詳しかった。小松さんの三男の嫁は現在一〇一歳で、施設に入っている。

8 四万十市伊才原と入江氏

高知県四万十市伊才原の氏神・入江神社

黒潮町猿飼で語られてきた伝承は、さまざまな角度から、揺るぎない事実、ほぼ確かだと考えられる史実と突き合わせてみる必要がある。その手始めに、猿飼と何か深い関係があったらしい現四万十市伊才原について取上げることにしたい。

伊才原は、猿飼から直線距離で北西へ七キロほどしか離れていない。四万十川の支流・後川上流の両岸沿いに開けた、山村といった感じの集落である。どちらを眺めても山ばかりで、海に近く前面に水田が広がる猿飼にくらべ、農耕地は少ないように見える。

わたしが伊才原を訪ねたのは平成二十四年（二〇一二）三月十六日、すなわち猿飼再訪の前日であった。

後川の東岸、伊才原字《あざ》天神前の山腹に入江神社というのがあり、参道の石段下に次のようなことを記した説明板が立っていた。

「入江神社　この社《やしろ》は入江左近命《みこと》を祭神とする。入江家は土佐一条氏に仕えた京都出身の公家で、伊才原、馬荷《うまに》を領地として善政をしいた。これに感謝した土地の人々は、社を建てて今も尊崇している。城跡はこの奥の大本山《おおもと》の中腹にある。

一条兼定公の小姓であった入江左近は、兼定公を裏切ったとも伝えられ、戦前までは伊才原の人々は、一条神社の祭りには行かなかったとも言われているが、事実は違うようである。ともあれ入江神社は伊才原の産土《うぶすな》の神である。

平成二十年一月吉日　蕨岡村誌編纂委員会」

右の蕨岡村は明治二十二年(一八八九)、全国一斉の町村制施行の際、旧伊才原村、蕨岡村、藤村の区域をもって発足している。同村は昭和二十九年(一九五四)、幡多郡中村町などと合併して消滅したが、その後も通称地名として使われつづけていた。しかし、やがて日常生活からも忘れられていく心配があったためか、平成十四年(二〇〇二)に『蕨岡村誌』が刊行された。すでに存在しない自治体の「村誌」が出たことになる。説明板の編纂委員会は、その折りにもうけられた組織である。なお、同村が属していた中村市も平成十七年、西土佐村と合併して四万十市となっていた。

文中の「事実は違うようである」は、入江左近が兼定公を裏切ったとの伝説を指していると思われる。伊才原の住民が「一条神社の祭りに行かなかった」のは、ごく近年までのことであり、そういうしきたりがあったかどうか、説明板が立てられた当時でも簡単に確かめられたからである。

神社のわきで土建会社を経営していた六〇代の男性は、その辺を含めて次のように話していた。

- 入江左近は一条氏に対して謀反し、兼定の首を切ったといわれている。そのあと、ここへ逃げてきたようだ。
- この村の者は、一条神社へ行くことはあっても頭を下げたりしなかったと聞いている。
- 伊才原でいちばん多い姓は豊永である。植田姓も入江姓もない。猿飼との縁故は耳にしたことがない。
- このあたりを天神前というのは、入江神社の石段下に天神の祠があったからだ。
- 川（後川）の向こうには仁井田神社がある。これが対岸の氏神になっている。

入江左近の裏切りについて、住民は明言しているのに、説明板が奥歯にものが挟まったような言い方をしているのは、左近をいまも「尊崇している」村びとへの遠慮と、拠るべき確実な文献がないと考えてのことではないか。ともあれ、「入江左近」が一条兼定暗殺の鍵をにぎる人物であったらしいことが、猿飼、伊才原両村に残る伝承から浮かび上がってくる。

その左近という名は、しばらくおくとして、「土佐一条氏に仕えた」入江家のことは、信頼できる史料によって、かなり詳しくわかる。

まず、一六世紀末に成立した『長宗我部地検帳』が、その一つに挙げられる。同地検帳は天正十五年（一五八七）から慶長三年（一五九八）にかけ、いわゆる「太閤検地」の一環として作成された土地台帳である。つまり、完全な同時代史料であり、また軍記物などと違って、著者の主観や価値観が入り込む余地がない。

以左井原村（現今の伊才原）の竿入れ（測量）は、天正十八年（一五九〇）五月に実施されている。その結果を『地検帳』に見ると、屋敷と田畑合わせて五八筆、一一町六反余の全部が「入江治部少輔給《じぶしょうゆう》」となっている。一村ことごとくが入江氏の給地だったのである。このとき一条氏はすでに滅んでおり、長宗我部氏が土佐一国を支配していたから、入江氏に以左井原を与えていたのは長宗我部氏であった。猿飼の植田国子さんが、入江左近を長宗我部の家来だったと語ったことも、まるきりの誤まりともいえないことになる。

しかし、入江氏はもとは一条氏の家臣であった。それは「小姓《こしょう》」などといったものではない。既述のように、東小路、西小路、飛鳥井、白川と並ぶ「五家」の一つだった。

一条氏時代の中村古図には、町の北東に「入江下屋敷」が載っているといい、前記『蕨岡村誌』によると、『地検帳』からは以左井原村のほか入野村、馬荷村（いずれも現黒潮町）、藤之村、田野川村（ともに四万十市）などに入江氏を名乗る九人の給人《きゅうにん》がひろえ、その合計地高は六五町歩に達するという。

これは、すこぶる不審なことだといえる。天正九年（一五八一）、土佐一条氏が滅亡したあと、ほかの四重臣（東小路、西小路、飛鳥井、白川）は旧地を退去している。ところが、ひとり入江氏のみは旧領を安堵されていることになるからである。

入江氏が、長宗我部氏に対して何か大きな貢献をしたと考えるほかあるまい。

9　軍記物によれば

『四国軍記』と題された本がある。出版は奥書によれば、寛永七年（一六三〇）だが、現行の版は小畑邦器という人の削訂を受けたうえで、元禄十三年（一七〇〇）に再刊されている。原本の著者は残念ながら、わからない。

いま、同書に沿って伊予・戸島に潜伏中の一条兼定が襲われたときのことを紹介したい。かくまっていたのは、伊予国法華津の城主「法華津播磨守則延《のりのぶ》」としたあと、次のような文章がつづいている（ほぼ原文のままだが、漢字を平仮名に換えたり、いくらか表現を変更したところもある。原文はインターネット公開されている「国立国会図書館デジタルコレクション」で閲覧できる）。

「かくて元親は、一条殿予州に着陣あり、処々の兵をもよおさるる由《よし》を聞きて、心腹《しんぷく》の病を引き出さんは、この人よと心やすからず思いければ、一条家の旧臣・入江左近という者、先ごろより蟄居してありけるが、元親とじっこんたりしかば、都合のよいことよと思い、左近を呼び寄せ申しけるは、その方、予州におもむき、何とぞ密計をもって一条殿を亡き者にせば、ひとかどの領地をあてがうべし、わが語らいに同意してんやと、うちとけてぞ申しける。

左近、元来、情なき者なれば、譜代相伝の厚恩を忘れ、莫大の恩賞にあずからば、必ず仕損ずまじと了承し、ひそかに予州戸島に立ち越えて、累代主従の厚恩をすてがたく、これまでお味方つかまつらんために参りたりと披露せしかば、兼定ご対面あり、われ流浪の身となりしより、譜代のやから一人も助け来たらざるに、なんじ主従の礼儀を思い、これまで参ること神妙なりとて、来し方の御《おん》物語に、その夜もいたく更けゆけば、それぞれ宿舎に帰りけり。入江も、かたわらに退きしかば、兼定卿も御枕を傾けたまう。隙をうかがい、入江つつと差し寄り、一《ひと》太刀《たち》、刺しければ、兼定公おどろき、枕刀《まくらがたな》を抜かんとしたまうとき、二の太刀に左の御肱《おんひじ》を打ち落とす。兼定公、刀を膝にはさみ、抜き打ちに一太刀、打ちたまうを、ひらりとはずし、妻戸をくぐって逃げ出《い》で、浜辺の船どものともづなを切り捨て、小舟に飛び乗り、すみやかに漕ぎ出す。

当番の武士おどろき騒ぎ、こちらよ、あちらよと浜辺まで追いかけしかども、つなぎたる船はことごとくともづなを切って流したり。入江が舟は沖にあって順風を得たれば、詮方《せんかた》なくあきれ果ててぞ帰りける。

譜代の主君を弑《しい》して、おのが身を栄えんとする八逆罪、天神地祇も怒りたまわであるべきか。義理をも知らぬ入江が心、浅ましかりしふるまいなり」

まことに、なめらかな説明ぶりである。いきさつに、とくに不自然さは感じさせず、さもありなんという印象を与える。

だが、『四国軍記』は軍記物に分類される文献で、例えば同時代の書状や地検帳などのように信憑性の高い史料とはいえない。これは、やはり物語であり、そこにどれだけ事実が反映されているのかは、もっと別の方面から調べてみる必要がある。

宝永五年（一七〇八）に成立した吉田孝世《たかよ》の『土佐物語』も、兼定襲撃のことを述べている。少なくとも同事件に関しては、この本は『四国軍記』を下敷きにしているように思われる。描写の順序が似ており、表現に共通するところが見られるからである。したがって、兼定をかくまったのが法華津播磨守、刺客が入江左近となっていても、二つの史料が期せずして一致している証拠とはしがたい。

さらに、先祖がもと一条氏の家臣だったといわれる高島正重《まさしげ》の『元親記』（一六三一年に成立）にも戸島事件が取上げられているが、記述が簡単すぎて経緯を知る手がかりにはなりにくい。ただ、兼定を襲った旧臣を「入江兵部大輔《ひょうぶだいゆう》」としている点は注目される。

長宗我部氏の事跡を扱った江戸前期の文献には、ほかに立石正賀《まさよし》の『長元記《ちょうげんき》』（一六五九年の成立）がある。正賀は初め一条氏に仕え、のち長宗我部氏の家臣となったようだが、同書には兼定襲撃そのものが語られていない。

兼定暗殺について、先の三つの書物がいま一つ史料価値の高いものとされていない理由として、いずれも軍記物であるということのほか、暗殺が成功したと書かれていることも影響しているのではないか。実際は、このとき兼定は一命をとりとめており、その死は八年ほどのちであった。つまり、記述に誤りがあることになる。

もっと決定的なことも指摘される。肝心の刺客は「入江左近」または「入江兵部大輔」とされているのに、いずれも『長宗我部地検帳』に名が出てこないことである。また、暗殺未遂事件の発生年月も、どの本にも述べられていない。

そんなことから、戸島での兼定襲撃そのものが本当にあったのか、疑問だとする立場の研究者もいる。

しかし事件は、たしかにあった。それは、ほぼ完全に証明できる。そうして、『四国軍記』の記すところは、当たらずといえども遠からぬように思われる。

10 ルイス・フロイス『日本史』から

歴史書も、しばしば特定の目的をもって編纂されがちであるという点で、軍記物と同じように主観が入り込みやすい。だが、ルイス・フロイスの『日本史』は、キリスト教に対する態度によって、各人物を評価する傾向が著しいところを除けば、おおむね客観的に記述されているといってよいのではないか。この本は、「一五八一年度イエズス会年報」と並んで、一条兼定襲撃について言及している、ほかに類例のない同時代史料である。

ルイス・フロイス（一五三二―九七年）は、周知のようにイエズス会に所属するポルトガル人宣教師であった。永禄六年（一五六三）に来日後は、いっとき中国のマカオに滞在したことがあるだけで、三〇年前後も日本で暮らしつづけ、慶長二年（一五九七）に長崎で没している。

フロイスは日本語によく通じ、文章の才にめぐまれていたことから、天正十一年（一五八三）、日本におけるキリスト教布教史を書くことを命じられた。本部は、彼による布教活動もさることながら、あとにつづく宣教師たちのために、そちらを優先すべきだと考えたのである。フロイスは、その直後から一〇年余りにわたって執筆に没頭、膨大な量の報告書をまとめ上げた。それが『日本史』である。

この本は天文十八年（一五四九）から文禄二年（一五九三）までを対象としている。原文は、すでに消失してしまったが、マカオ、インドのゴア、ヨーロッパで作られた何種類かの写本が各地に分散して残されていた。それを歴史学者の松田毅一氏（一九二一―九七年）が長い年月をかけて可能なかぎり収集、一部は川崎桃太氏（一九一五―二〇一九年）の協力を得ながら翻訳したのが、全一二巻からなる『完訳　フロイス日本史』（二〇〇〇年、中公新書）である。原書は編年体で書かれていたが、同書は主題別に再構成した体裁になっている。

次は、同書の第七巻第三三章からの引用である。

「叛逆人（長宗我部元親のこと＝引用者。以下、注記は断わりのないかぎり引用者による）は、豊後（一条兼定の岳父・大友宗麟を指す）から自分に向かって軍勢が派遣されて来るかも知れないと恐れていたので、ドン・パウロ（兼定の洗礼名、後述）を殺害させようとして、ドン・

パウロの異教徒の側近者で、彼に近習として仕え、彼を幼少時から育てた者（『四国軍記』や『土佐物語』が「入江左近」と書いている人物）を買収し、その目的で彼に多額の金子《きんす》を提供した。
ある夏の夜、ドン・パウロが邸《やしき》において蚊帳《かや》の中で眠っており、彼に仕えている、かの側近者のほかは誰もいなかった折、側近者は国主（兼定）自らの刀を取り、それで彼の顔、手、腕など幾多致命的な傷を負わせ、国主が完全に死んだと思った時、叛逆者から約束されていた報酬を受け取るため、馬を乗り継いで叛逆者の許へ逃走した。その後、人々はドン・パウロの痛々しい声や叫びを聞いて馳せつけたところ、彼は瀕死の状態で、側近者（入江左近＝訳者による注、後述）が逃亡していることが判った。そこで彼らは骨折ったものの、容易にその側近者に追いつくことができなかった。ドン・パウロは徐々に傷から回復した。しかし良い医師がいなかったので回復が捗《はかど》らず、彼はつねに臥せっており、あたかも身体障害者のようであった」
「関白（豊臣秀吉）と長宗我部の軍勢の間で上記の戦い（一五八五年の、いわゆる秀吉の四国征討）が行なわれていた当時、ドン・パウロは相変らず流謫《るたく》の身にあって、天下の君（秀吉）が自分を連れ戻させ、かの土佐全国をキリシタンにするという自分の念願をかなえてくれるものと希望を抱いていた。（中略）
関白と長宗我部の談判がまだ締結しないうちに、ドン・パウロは熱病を患った。そして彼は無情な現世を離れ、我らの主なるデウスは、彼をば永遠なる天国に迎え入れ給うた」

既述のように、一条兼定は天正二年（一五七四）二月、母と妻の実家である豊後の戦国大名・大友氏のもとへ赴いていた。その折り洗礼を受けて「ドン・パウロ」の名を得ていたのである。

また、右で兼定を襲った「側近者」の名を、訳者（松田氏の方だと思われる）が「入江左近」と注記しているのは、『四国軍記』や『土佐物語』にしたがってのことであり、フロイスの原文には名は書かれていない。つまり、内外の文献の記載が一致していることを示すわけではないことになる。

それはともかく、フロイスは兼定がひそんでいた場所については、ほとんど情報をもっていなかったようである。どこであったのか述べておらず、「（側近者は）馬を乗り継いで叛逆者の許へ逃走した」としているところをみると、そこは離れ小島ではなく、内陸だったと考えていたらしい。

11　事件後、兼定と面談した宣教師がいた

一条兼定が刺客に襲われた事件については、「一五八一年度イエズス会年報」の方が、より参考になる。

その中に、イエズス会の重要ポストである巡察使（師）の地位にあったイタリア人アレッサンドロ・ヴァリニャーノ（一五三九―一六〇六年）が、日本からローマの同会総長に宛てて出した報告書が含まれている。執筆時期は一五八二年二月十五日（天正十年一月二十三日）であ

る。

ヴァリニャーノは三度にわたって来日、天正七年（一五七九）から慶長八年（一六〇三）までのあいだに、合わせて一〇年ばかり日本で過ごした。

天正九年の夏、ヴァリニャーノの一行は、畿内から土佐湾を西行して豊後へ向かう途中、兼定に会っている。次は松田毅一『キリシタン研究』第一部（一九五三年、創元社）五五ページ以下からの引用である（一部の漢字を平仮名に換えるなど、わずかな変更を加えさせていただいている）。

「ここで善き土佐の王ドン・パウロ一条殿がパードレ・ヴァリニアーニに面会して大いに満足したことを述べざるを得ない。この人は五、六年前その国より逐われた折に豊後において洗礼を受けた。しかして領国を回復することが出来ず、土佐の国境にある異教の大身《だいしん》の領内に逃れて、家臣五六十名と共に生活していた。パードレが同所を去る五、六レグア（別の個所で松田氏は一レグアはおよそ六キロとしている＝引用者）の所を通過した時、王のもとに人をつかわしたが、王はパードレがかくのごとく近くを通過することを聞いて、ただちに（六人の部下と共に＝原著の注）小船に乗って面会に来た。（中略）

彼（兼定）はまた十三歳の一子の同所にいた者を神学校に入れんことを請い、その後数日をへて豊後につかわすこととした。王はすでに年老いたるのみならず、彼の国を奪った暴君（長宗我部元親＝引用者）に買収された家臣の一人が、四年前彼の睡眠中に傷を負わせ、生命を全うしたことが奇跡的で、眠る際手に持ちて祈ったコンタツ（キリシタンが用いる数珠、すなわちロザリオのこと＝引用者）のおかげと思われたほどであったゆえ、健康ではなかった」

右に見える「十三歳の一子」は、兼定と、その二度目の妻である大友宗麟の女《むすめ》（洗礼名をジュスタといった）とのあいだの男子だったが、名は伝わっていない。ちなみに、先妻の宇都宮豊綱の女が産んだ内政《ただまさ》は、既述のように元親の女と結婚して兼定のもとにはいなかった。

ともあれ、天正十年（一五八二）当時、兼定は、その子や五、六〇人の家臣とともに、土佐と伊予との国境に潜伏していたことがわかる。その場所について、やはりイエズス会のフランシスコ・カブラル（一五二九―一六〇九年）が、天正四年（一五七六）に日本から本部へ寄せた報告中の兼定からカブラル宛ての書簡には、

アレサンドロ・ヴァリニャーノ画像（松田毅一・川崎桃太訳『完訳 フロイス日本史7』中央公論新社、より）

「われは再び追出されて、今はナガシマの城にあり。今日までデウスに対し不平を述べざりしが、これにかかわらず何ゆえにこの不幸起こりしか疑惑なきあたわず」（前掲書五三ページ）

と記されていた。

「再び追出されて」とは、兼定が前年の

渡川の合戦で長宗我部軍に敗れて伊予へ逃げたことを指している。自分はキリシタンなのに、なぜ神のご加護がなかったのだろうと、書状でカブラルに訴えたのである。

兼定は、このとき自分が刺客に襲われたことには全く言及していない。すなわち、暗殺未遂は、これよりあとのことになる。

兼定は、自分がいるところを「ナガシマの城」としている。しかし、土佐と伊予境の海域に、そのような名の島は見つからない。その名の地名もないようである。少なくとも、城の所在地でナガシマというところはない。

ただ、これと先のヴァリニャーノの報告にある、

「(六人の部下と共に)小船に乗って面会に来た」

との一節を合わせると、兼定は宇和海に浮かぶ島か、そこに臨む海べりの城にひそんでいた可能性が高いことは間違いあるまい。

12 潜伏場所は戸島であった

キリシタン文献からは結局、一条兼定がひそんでいた場所を特定することはできない。だが別の材料によって、そこは現宇和島市街沖の戸島だったとはっきりいえる。

まず、戸島の主邑・本浦《ほんうら》の浄土宗龍集寺《りゅうしゅうじ》に「兼定の墓」がある。それは形の崩れた宝篋印《ほうきょういん》塔《とう》で、実際は墓ではなく、供養塔なのかもしれない。また、いずれであっても、それと兼定を

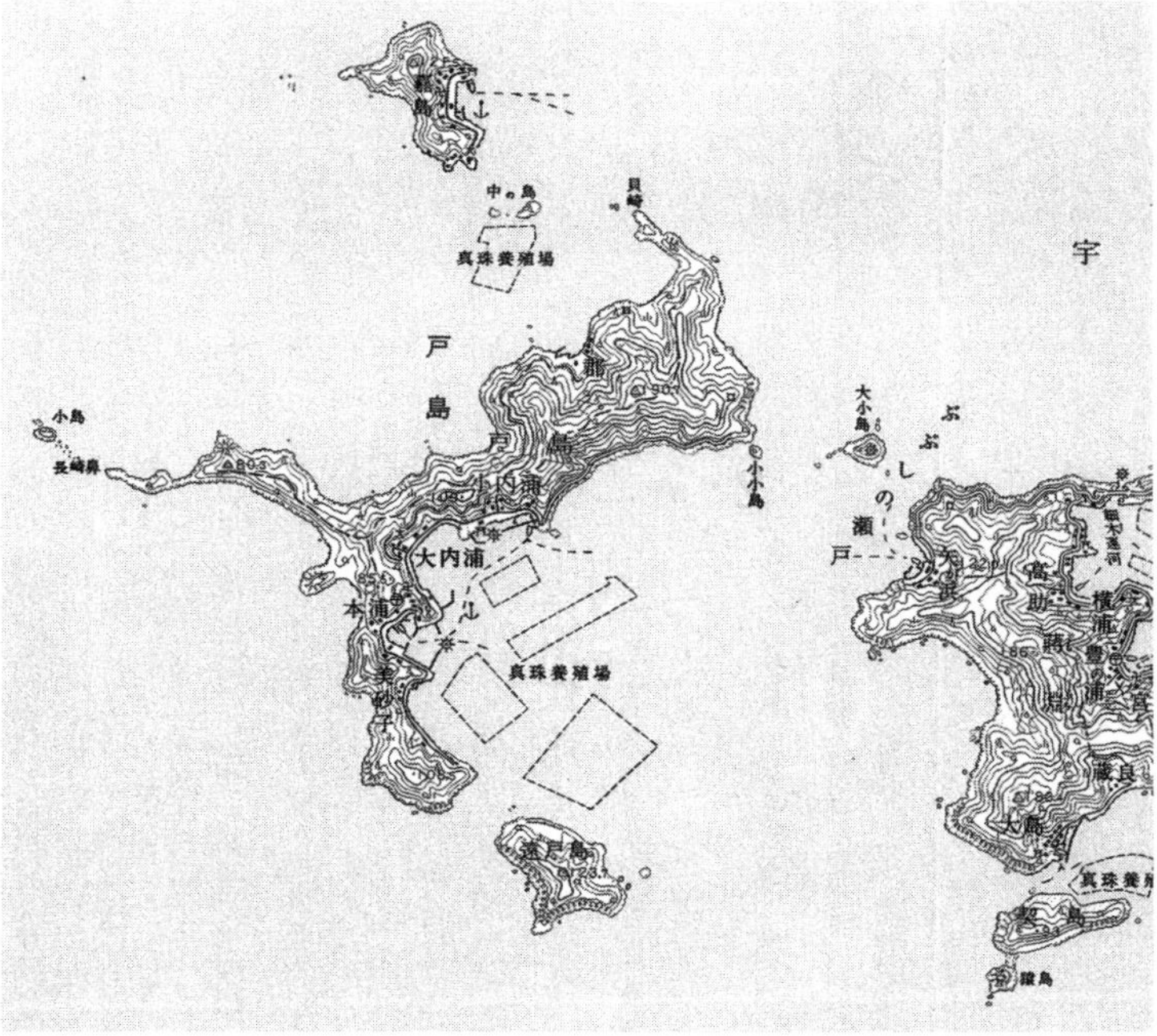

宇和島市街沖の戸島。右側は蔣淵半島の西端部（国土地理院5万図「伊予高山」より）

結びつける確証はない。しかし宇和島市文化財保護係のホームページによると、それを島びとは「一条さまの墓」「宮さまの墓」と呼んできたという。

さらに、昭和二十年代に島を訪れた松田毅一氏は前掲書五九ページに、

「島民が一条公の墓所に詣で、俗に『一条さんのお水』を聖なるものとし、この水で洗うといぼがとれる等言い伝え、今なおこれを行なっている」

と書き残している。

もし戸島と兼定とのあいだに何のつながりもなければ、

このような伝承が語り継がれてくることはあり得ないのではないか。このほかにも、

- 松田氏によると、島には「都」「何々小路」などの通称地名が存在する。
- 戸島以外に兼定終焉の地と伝えられるところは知られていない。
- 戸島だとみなしても、キリシタン文献の記述と矛盾しない。
- 軍記物とはいえ、『四国軍記』には兼定が襲われたのは戸島だと明記されている。

といった事実を合わせ考えれば、兼定の潜伏地が戸島であったことを疑うべき理由はないと思う。

それでは、暗殺未遂事件は、いつ起きたのだろうか。

- カブラルが一五七六年九月九日付けでイエズス会の本部へ出した報告では、事件にいっさい触れていない。
- ヴァリニャーノが一五八一年の夏、兼定に面会した折り、兼定は四年前、かつての家臣に傷を負わせられたと語っている。
- フロイスの『日本史』には、兼定が顔、手、腕などに致命的な傷を負ったのは、「ある夏の夜」と記されている。

このいずれにも当てはまる時期は、一五七七年すなわち天正五年の夏しかないことになる。つまり、このころ兼定は息子や五、六〇人の家臣とともに戸島本浦の戸島城で生活していたのである。兼定がカブラルに宛てた書簡に、自らの居所を「ナガシマ」としていたのは、カブラルの方にその気はなくとも、ふとしたことで、そこが長宗我部側に漏れることを恐れたためだったかもしれない。

兼定は刺客に襲われて瀕死の重症を負ったが、かろうじて一命をとりとめた。和歌山県伊都郡高野町・高野山 成福院《じようふく》が所蔵する過去帳には、天正十三年七月一日（一五八五年七月二十七日）に死去したと記されているという。襲撃から八年ほどのちになる。数えの四三歳であった。

既述のように、フロイスの『日本史』には、ドン・パウロ（兼定）は熱病を患って「関白と長宗我部の談判がまだ締結しないうちに」他界したとある。四国に攻め入ってきた豊臣秀吉軍に対して、長宗我部軍が降伏したのは天正十三年七月二十五日だから、過去帳と『日本史』の記載は一致しているといえる。

13 刺客は、だれであったか

一条兼定を襲撃した人物について、どのキリシタン文献も名は挙げていない。日本側の同時

代史料も同じである。ただし、のちに書かれた軍記物には、それが見える。もう一度、繰り返せば、

・寛永七年（一六三〇）の『四国軍記』　入江左近
・宝永五年（一七〇八）の『土佐物語』　入江左近
・寛永八年（一六三一）の『元親記』　入江兵部大輔《ひょうぶだいゆう》

となる。

このどちらかの名が信憑性の高い史料で確認できれば、それで問題は片づくが、あいにく両方とも同時代の文献には出てこない。

『蕨岡村誌』（二〇〇二年）や『中村市史』（一九六九年）は、入江兵部大輔説を採用している。『長宗我部地検帳』によれば、幡多郡横瀬《よこぜ》村（現四万十市横瀬）に「入江兵部少輔」の給地があるだけでなく、この人物の実在が現土佐清水市足摺岬の金剛福寺（四国八十八ヵ所の第三八番札所）所蔵の位牌群から裏づけられ、『元親記』の「兵部大輔」は「兵部少輔」の誤記であろうとするのである。

これも、いちおう筋は通っているともいえるが、わたしは刺客は入江左近で間違いないと思う。そのもっとも大きな理由は、黒潮町猿飼と四万十市伊才原に残る、

「入江左近は、一条の殿さまを裏切って、その首を切った」

という伝承である。

どんな事情があれ、かつての主君の寝首をかくことは、決して名誉なふるまいではない。にもかかわらず、二つの村であえて、そう伝えてきたのである。これは、そのようなことが実際にあったからだと考えるほかないのではないか。

しかも、両村では土佐一条氏の一族を祀る一条神社への参拝あるいは拝礼をタブーとしてきた。四万十市中村本町の同神社は幡多郡の総鎮守とされ、十一月二十三日から二十五日までの例祭は「土佐三大祭り」の一つに数えられる。ただ、創建は幕末の文久二年（一八六二）と、ごく新しい。一条氏も長宗我部氏も、とっくの昔に滅び、双方の戦いもすでに恩讐のかなたとなったころ、山内氏の政権のもとで壮大な社殿が建設されたのである。それは兼定の暗殺未遂から、二〇〇年近くのちのことだった。

それなのに、猿飼、伊才原の村民は、新たに創られた一条神社への崇敬を拒んだことになる。それは二〇〇年にわたって、自らと一条家とのわだかまりをひっそりと語り継いできたからこそであろう。たいした根拠もなしに、このようなしきたりが生まれることなどあり得ないと思う。

猿飼の植田国子さんは、

「一条氏と植田家は敵《かたき》どうしだ」

と言っていた。もとの公家大名の家と、猿まわしの家とが仇敵のあいだがらだというのである。妙に肩ひじ張っているようで、ほほえましくもあるが、とにかくただの伝説にもとづくものでないことは容易に想像がつく。

前にも記したように、『長宗我部地検帳』の以左井原《いさいばら》村の分は天正十八年（一五九〇）五月に作成されている。そこでは、同村のことごとくが「入江治部少輔」の給地となっていた。この入江氏が、一条氏・五重臣の一つの係累に属することは、まず疑いあるまい。そうして、一条氏が滅亡したあと、ほかの四家がいずれかへ立ち去ったのに、入江氏のみは旧領を安堵されている。となると、兼定を襲撃したのは、以左井原の入江氏だったことは、ほとんど確実といってよい。

では、左近とは治部少輔のことだろうか。暗殺未遂は天正五年（一五七七）のことだから、「地検帳」の以左井原村分の測量より一三年前になる。そこで考えられるのは、この間に入江氏の当主が左近から治部少輔に替わっていたことである。

もしくは、左近が治部少輔に改名したのかもしれない。二つとも、いわゆる仮名《けみよう》であって実名ではない。仮名は「通称」「百官名」「受領名」などともいい、戦国時代ごろには昔の官職名を自称することが多かった。そこら辺の地侍が、「刑部大輔《ぎようぶ》」とか「播磨守《かみ》」といった仰々しい名を勝手に付けることが一般化していたのである。

史料によって、そのどちらであったかを決することは、結局できない。しかし、伊予戸島に兼定を襲った人物が、幡多郡以左井原村（現四万十市伊才原）に領地を有していた入江氏の一人だったことは疑いなきに近いと思う。

14　植田次兵衛は何をしたか

天正五年（一五七七）の夏、宇和海の戸島に潜伏して再起の機会をうかがっていた一条兼定は、かつての有力家臣の一人である入江左近に襲われて瀕死の重傷を負った。

戸島は、まわりの海や島々とともに法華津《ほけつ》氏の支配下にあり、兼定自身の家臣も「五、六十名」が付きしたがっていた。これを大軍を使って一挙にもみつぶすならともかく、刺客を放って暗殺をくわだてるとなると、その警備網をどうやってかいくぐるかは、なかなかの難問であったろう。

左近が兼定に近づいたのは、『四国軍記』が述べるように、

「主従の厚恩すてがたく、お味方つかまつらん」

と偽ったうえでのことだったに違いあるまい。そうして、左近は狙いどおり、兼定の睡眠中に刀で斬りかかり、深手を負わせたのである。そのとき左近は、兼定が死んだと思ったのではないか。長宗我部側でも、そのように信じ、それがのちの軍記物の記述に反映したのかもしれない。

左近にとっては、襲撃自体より、そのあと自分が無事に島を脱出する方が、はるかに困難だ

と考えていたろう。戸島は、敵陣のど真ん中に位置する離れ小島だったからである。逃走経路の確保には、ひときわ入念な情報収集と工作が欠かせなかったことになる。

それこそ、まさしく忍びの仕事であった。その役目をになったのが植田次兵衛である。そう考えたとき初めて、なぜ先に紹介したような伝承が、黒潮町猿飼で語り継がれてきたのか理解できるのではないか。

次兵衛の名は、どんな文献にも見えない。左近が本貫としていた四万十市伊才原の伝承にさえ、姿を現さないほどである。ただ、猿飼集落の人びとだけが彼のことを記憶にとどめていた。次兵衛が、

「一条家の殿さまの首を切った者の家来だった」

という言い伝えは、並みの同時代史料などより、ずっと信頼できるとわたしは思う。こんな作りばなしは、なかなかできるものではなく、またそんな必要もありそうにないからである。それでは左近は、次兵衛とどんなつながりがあって、自らの死命を託す重大な隠密の役を任せることになったのだろうか。

植田国子さんは、次兵衛は猿飼へ逃げてくる前、伊才原に住んでおり、そのころは尾崎姓であったと話していた。前記『蕨岡村誌』によると、伊才原には、その姓の有力給人がいて、入江治部少輔に仕え、二町を給せられていたという。江戸時代になって、入江氏が退転したあとも同地に住みつづけ、庄屋をつとめた者もあった。

『融通念仏縁起絵巻』の京都清涼寺本（1417年ごろ）に描かれた猿引（さるひき）

猿飼つまり今日の猿まわしに当たる職業者は、この当時も、それ以後も卑賤視されていた。「地検帳」では農民や職能民は姓を記されておらず、彼らよりさらに下の身分に当たるとみなされていた「坂の者」（当時、皮細工にかかわっていた被差別民）などは、たいていの場合、名さえ書かれていない。名がなかったはずはなく、姓もあったかもしれないが、おおやけに姓を名乗ることは許されていなかったろう。

　猿飼も、それに近い存在で、もと尾崎姓といったかどうか、疑問が残る。国子さんは、

「次兵衛は猿まわしに化けていた」

と言い、兜《かぶと》も持っていたらしく伝えているところから、本当は武士だったと考えているようであった。

　しかし、猿まわしに化けることは簡単ではない。少なくとも現実に猿を飼い、あちこちを連れ歩いていなければ、人はそうは見ないだろう。ところが、猿は人になつきにくい動物で、きちんとした訓練をして手な

づけないかぎり、いっしょにいることさえ難しい。

となれば、次兵衛は本物の猿飼だったと思われる。現にわたしが国子さんより先に会った男性は、そう言っていた。また、次兵衛の居住地の地名が猿飼であることは、その何よりの証拠だといえる。

左近と次兵衛の身分には格差がありすぎる。主従だったことは、まずあり得ない。ふだんから次兵衛と接していたのは尾崎氏の方であり、だから国子さんが耳にした伝承では、次兵衛のもとの姓は尾崎だったとなっていたのではないか。そうだったとしても、家来ではなく、領地の作人といった立場だった可能性が高い。

次兵衛が伊才原から猿飼へ逃げてきたという話にも、やや疑問がある。猿飼を含む鹿持《かもち》村の検地が実施されたのは、天正十七年（一五八九）の十二月だが、そこにはすでに「サルカイ谷」の地名が載っている。猿飼が住みついたことによって、その地名ができるまでには、ある程度の年月がかかるはずであり、兼定が命を狙われた天正五年（一五七七）には、次兵衛はすでに猿飼で暮らしていたかもしれない。

だが、いずれであっても、戸島での忍びの仕事を次兵衛に持ちかけてきたのは尾崎氏だったのではないか。

15 猿まわしは、もっとも忍びに適していた

植田次兵衛は、おそらく職業的な忍びではなく、その本業は、あくまで猿飼であったろう。ただ、時代が時代だっただけに、伊予戸島の探索前にも、隠密の役をしていた可能性はある。猿飼は、その仕事の性質から、どこへでも入り込みやすく、とくに武家にとっては来訪を断りにくい事情があった。

今日、ふつうには猿まわしと呼んでいる職業者は、近世以前の文献には「猿飼」「猿引（猿《さる》牽《ひき》、猿曳《さるひき》とも）」「猿屋」などと書かれていることが多い。彼らは、近代の猿まわしとは決定的に違っていた。その職掌は牛馬の祈禱に、ほぼ限局されていたからである。

中世の後期になると、京都周辺あたりには猿に芸をさせて見物料をとる、のちの猿まわしと同じ見せ物が現れてはいた。しかし、それはまだごく珍しいなりわいで、ほとんどの猿飼は武家の廏《うまや》や、農家の牛馬小屋の前で猿を舞わせて牛馬の健康を祈るとともに、病気やけがの治療に当たっていたのである。

猿を牛馬の守り神とする思想は、きわめて古くからあった。例えば、鎌倉時代の文永・弘安年間（一二六四—八八年）ごろに成立したとされる問答体の事典『塵袋《ちりぶくろ》』（著者不明）には次のようなくだりが見える。

「猿ヲ馬ノマホリ（守りのこと＝引用者）トスルハ、イカナル子細ゾ。

猿ヲバ山父トナヅケ、馬ヲバ山子ト称ス、コノユヘニ馬ニハサルヲオモクシテマホリトスト云云《うんぬん》、（後略）」

右の問いによって、当時、猿を馬の守りとする習俗があったことがわかる。答は、猿は山の父、馬は山の子といい、だから馬に対しては猿を「オモクシテ（重んじて）」守りにするのだと述べている。これは、まともな答になっていない。事典の編者も、その理由がわかっていなかったのである。

この考え方もしくは習俗の淵源するところは、すこぶる遠いのみならず、外国に由来している。石田英一郎『河童駒引考《かっぱこまびきこう》』（新版、一九九四年、岩波文庫）によると、古代インドの説話集『パンチャタントラ』（おそらく二―三世紀前後、遅くとも六世紀までの成立）には、

「日出でて暗闇の消ゆるごとく、火傷した馬のあらゆる病は、猿の髄《ずい》によって消え去らん、（中略）請う、馬の死せざるあいだに速やかにこの薬を用いられよ」

と記されているという。

内外のこの種の文献は、ほかにも散見されるが、これ以上の紹介は本書の内容からはずれすぎる。もし、この方面に興味をおもちの方がいたら、拙著『猿まわし　被差別の民俗学』を、ご参照いただくと幸いである。

インドに発したらしい「猿は馬（および牛）を守る」とする思想は、中国をへて日本へも輸入され、それが猿飼という職業者を生んだと考えられる。彼らは、ただ猿を牛馬舎の前で舞わせたり、わけのわからぬ呪文を唱えたりしただけではあるまい。人間に対する祈禱師でも同じことだが、病気やけがについてかなりの知識をもち、実際にしばしば治療に成功したからこそ、

『石山寺縁起絵巻』（1325年ごろ）に見える牛馬舎前の猿。「猿は牛馬を守る」という思想があったことを示している。

人びとは彼らに対価を支払ったのではないか。そもそも年中、牛馬に接していれば、いやでもそれらに詳しくなる。日本民俗学の創始者・柳田國男は『山島民譚《さんとうみんたん》集』（一九一四年）の中で、

「猿牽ハ余輩ノ信ズル所ニテハ以前ハ馬医ヲ兼ネ居タリ」

と述べている。

およそ武家と名がつく者なら、たいていは軍馬を飼っており、そうである以上、馬が病気やけがをしているときはむろん、健康であっても定期的に猿飼を迎えて祈禱を頼んでいたはずである。要するに、少なくとも年に一度か二度は、自邸の廏に猿飼を招き入れないわけにいかなかったといえる。そこに猿飼が忍びに使われる理由があった。

いうまでもなく、武家側でも彼らに対して警戒を怠っていなかった。『大内家壁書《かべがき》』は、周防《すおう》（山口県の東部）を本拠とした守護大名・大内氏の家

法で、ときどきに公布された法令を一五世紀末ごろ編集したものである。

その中の文明十八年（一四八六）四月二十九日付け「禁制」に、

「薦僧《こもそう》、放下《ほうか》、猿引の事。当所ならびに近里を払うべき事」（もとの和式漢文を引用者が読み下してある）

というのが見える。

これは一〇日前の「評定」によって、領国内で禁止することを命じた五ヵ条の行為の一つとして挙げられている。

右の「薦僧」とは、のちには「虚無僧《こむそう》」の文字を宛てられるようになる一種の物乞い僧である。深編み笠に尺八が、いわば彼らの制服であった。

「放下」は、しばしば烏帽子をかぶり、背に七夕のときに立てる笹竹を小さくした飾りものを負い、手品や曲芸を演じて米銭を乞う門付け芸人である。

「禁制」は、その薦僧、放下および猿引に、「当所ならびに近里を払う」ことを命じているのである。「当所」とは、大内氏の居城があった山口（現山口市、周防国に属していた）を指していると思われる。

列挙された三種の職業者は、いずれも各地を徘徊しながら米銭を乞い歩く職能民で、ほとんどの場合、地域の住民には、どこの何者か身元が知れなかった。大内氏が文明十八年になって、それまでは許されていたらしい彼らの領内横行を、なぜ禁じたかは述べられていない。だが、応仁の乱（一四六七—七七年）後の戦乱の時代に入って、間諜・細作の暗躍が日常化していたことが背景にあったのは間違いないのではないか。

この禁制が、そのまま実行されたかどうか疑わしい。鷹僧や放下が姿を見せなくなったとしても、権力者たちはべつだん困ることもなかったろう。しかし、猿引が全く来ないとなると、そうはいかない。彼らには愛馬がいた。中には、千金を費やしてあがなった自慢の名馬もいたはずである。

それが病気になることもあれば、戦闘などで傷つくこともあったろう。そうなると、猿飼を頼るしかない。このような事情ゆえに、猿飼は忍びとして重宝されたのである。

16 次兵衛は左近の脱出にも力を貸した

伊予戸島は、入江左近にとって、一条兼定暗殺をたくらんだ当初から、どうにも気のめいる場所であったに違いない。そこは敵陣のただ中であるうえ、逃走する手段は、山間暮らしの彼には不慣れな船しかなかった。しかも、追手となるべき相手は、その一帯の海域をわが庭のごとく自在に往来している水軍の兵士である。

『四国軍記』が語る、

「（左近）浜辺の船どものともづなを切り捨て、小舟に飛び乗り、すみやかに漕ぎ出す。当番の武士おどろき騒ぎ、こちらよ、あちらよと浜辺まで追いかけしかども、つなぎたる船はことごとくともづなを切って流したり」

という脱出のいきさつは、実際と大きくは異なっていまい。そうでもしないかぎり、敵の手を逃れるすべはなかったからである。

しかし、どう考えても、左近が自分で、そのようなことをする時間はなかったろう。当時、戸島にどれほどの住民がいたかわからないが、ピーク時の昭和二十五年（一九五〇）で人口二七九四人と記録されている。小さい島ながらも、結構、多くの人間が暮らしていたのである。

兼定が襲われた天正五年（一五七七）ごろ、本浦《ほんうら》には少なくとも数十艘の船がつながれていたのではないか。それらは一艘のこらず、ともづなを切断され、暗夜の沖合を漂っていた。その工作は当然、次兵衛が実行したろう。

島民のだれかを買収して、手伝わせようとすることは危険であった。彼らはみな、お互い顔見知りで、法華津氏の支配下にいた。次兵衛は、猿飼ということで島にいられたにしろ、それとない監視の対象になっていたと思われ、だれかに何か不審なことを持ちかけたら、すぐさま法華津氏の陣営に漏れたに違いない。

ただし、あらかじめ打ち合わせておいた刻限に、ひそかに戸島へ上陸して次兵衛と合流した島外の男または男たちがいた可能性は大いにあり得る。次兵衛は猿飼で船には不慣れだったろうから、ともづなを切るに際して加勢をし、やがては現れるはずの水軍の追跡を振り切って海上何キロかを逃げ切るには、海と船に熟練した水主《かこ》を配置してあったとしても不思議ではない。

いくら全部の船が岸から放たれていたといっても、法華津水軍の手だれの兵士たちが、

「入江が舟は沖にあって順風を得たれば、詮方なくあきれ果ててぞ帰りける」

で、すませるとは考えにくいことだからである。

ともあれ、入江氏は無事、郷里の伊才原へもどり、旧領を安堵されている。それは命をかけて薄氷の上を渡った報酬であった。『四国軍記』は、それを、

「譜代の主君を弑《しい》して、おのが身を栄えんとする八逆罪、天神地祇も怒りたまわであるべきか。義理をも知らぬ入江が心、浅ましかりしふるまいなり」

と痛罵している。

だが、そう断ずるには少し気になる事実がある。『蕨岡村誌』によると、馬荷村《うまに》（現黒潮町馬荷）にあった宗正寺（廃寺）の「大般若経奥書」には、「永享十三年」と記され、「入江民部少輔《しょうゆう》」の名が見えるという。永享十三年は一四四一年だから、一条教房の土佐下向（一四六八年）よりかなり前になる。

この入江氏は、断定はできないにしても、一条氏の五家の一つの入江氏か、その一族である可能性がきわめて高い。そうだとすれば、入江氏は教房とともに土佐へ下ったのではなく、幡多荘園の預所《あずかりどころ》などとして、それ以前から幡多で暮らしており、すでに土着の国人になっていたのではないか。

これに間違いがないとすると、応仁の乱が起きた翌年に土佐へ亡命してきた一条教房の一行

を受け入れる準備は、入江氏が中心になって進めたのかもしれない。それから一〇〇年以上のあいだ、入江氏は一条氏に仕えつつも、一方では土佐人の戦国武将として、自分には自分の生き方があると意識していたとしてもおかしくない。

親兄弟が互いに殺し合ったり、主君の寝首をかく臣下が珍しくなかったこの時代、自らと妻子、親族、家臣、領民を守る方が、戦《いくさ》に敗れて他国にかくまわれている旧主より大事だと考えることは、もう一つの正義だったともいえる。

入江左近のために、情報を収集し、敵陣からの脱出を工作した植田次兵衛にも、むろん養うべき家族がおり、失いたくない暮らしがあったはずである。次兵衛は、そのために一帯の領主だった左近か、その家臣の尾崎氏から持ちかけられた仕事を引き受けた。それは極度の緊張と用心深さをしいられる、本当の意味での隠密行動であった。

戦国期の、とくに機密にかかわる実際の忍びは、このようなものであったと思われる。黒覆面に黒装束、背中に柄《つか》の長い直刀を負って、蜘蛛《くも》のように城の石垣を登ったり、「草木も眠る丑三《うしみ》つどき」に闇の中を風のように駆け抜けていく姿など虚像にすぎず、現実にはまず存在しなかったろう。

【コラム】② 甲斐武田氏の遺臣・渡辺囚獄佑《ひとやのすけ》について

天正十年（一五八二）三月、甲斐の武田氏は織田信長軍によって滅ぼされる。ところが、その信長が同年六月の本能寺の変で横死したため、かつて武田氏の支配下にあった甲斐、信濃、上野《こうずけ》の西部は統治権力が不在の状態になってしまう。そこへ襲いかかったのが徳川氏、北条氏、上杉氏、武田氏の遺臣らであった。

この陣取り合戦は天正壬午《じんご》の乱と呼ばれ、同年の十月に徳川・北条同盟が成立して終結する。この乱のさなかに、徳川家康を富士山麓の中道《なかみち》往還を通って甲府まで案内した武田氏の旧臣がいた。渡辺囚獄佑といい、本栖《もとす》湖のほとり（現在の山梨県南都留郡富士河口湖町本栖）の小領主であった。渡辺は、この年の八月には家康家臣の安部信勝の軍とともに青木ヶ原で北条勢を破っており、はっきりと徳川方についていたことがわかる。

つい先ごろまで敵軍だった武将の道案内に立ったことや、その変わり身の早さから渡辺のふるまいを、

「スッパ（忍びの別称）の身の処し方に近い」

と述べている文章もある。

たしかに、これを別にしても渡辺という人物には不思議な点が少なくない。

まず、その仮名《けみょう》である。「囚獄佑」は、律令制下で刑部省《ぎょうぶ》に属していた囚獄司（しゅうごくし・ひとやのつかさ）の第二等官であった。囚獄司は名のとおり、獄舎の管理をし刑の執行に当たることを職務にしていた。斬首は血穢《ちえ》と死穢《しえ》にかかわることから、時代が下るにしたがい人からは嫌われるようになっていく。ヨーロッパなどでも、死刑執行人は、もっとも遅くまで社会的差別の対象になっていた職業であった。

渡辺は実名を守といったが、なぜか仮名を囚獄佑と称していたのである。仮名（通称、百官名などとも）は既述のように自称、僭称《せんしょう》であって、例えば武蔵国へ行ったこともない地侍や土豪が、そこの長官を意味する「武蔵守」を名乗ったりすることは少しも珍しくなかった。それなのに、守はわざわざ囚獄佑などという異様な百官名を用いていたのである。これだけなら、

「変わった男だ」

ですますこともできる。しかし守には、その名にふさわしい面があった。

守が武田氏から与えられていた本栖は、甲駿《こうすん》両国（現山梨県と静岡県）の境に位置し、その関所をあずかっていた。不審者を捕まえたら、入れておくべき牢屋があったはずである。すぐ目の先は駿河国であり、当然、先方の情勢を不断に見張っていたろう。逆に、向こうから忍び込んでくる探索者を阻止したり、捕縛したりする役目も負っていたに違いない。それは、まさしく忍びの仕事であった。

「渡部囚獄佑の墓」とされる五輪塔。山梨県富士河口湖町本栖にある。

しかも、守は同時に富士御師《おし》をも兼ねていた。古代から信仰の山であった富士山へ各地の参拝者を案内し、宿舎を提供し、諸国の事情に耳を傾けていたのである。広く世間を歩き、富士山麓の地理に精通していたことになる。これも戦国時代には、軍事情報の収集に役立ったと思われる。

さらに注目すべきことに、徳川氏を助けた恩賞として、その旗本に取り立てられた際、自分の檀家を同じ御師の三浦外記《げき》に譲っているが、この三浦氏は「猿屋」でもあった。植田次兵衛と同じ職業者である。『山梨県史』（一九九七―二〇〇八年、山梨県）の通史編第二巻七八九ページ以下によると、富士山の北麓には、

「河口御師猿屋『三浦氏』、御師猿屋『宮下家』」

があったという。ほかにも「御師駒屋」「同塩屋」「同俵屋」「同数珠屋」なども記されている。御師のかたわら別の職業を兼ねる者が少なくなかったことがわかる。いや、むしろ、それが普通だったのかもしれない。

実は渡辺守も塩の運搬人を兼ねていた。塩屋でもあったといってよいだろう。そうして、守は御師で猿屋でもあった三浦氏に、自分の得意先の檀家たちを案内する権利を譲り渡したのである。

要するに、渡辺囚獄佑は関所の番人であり、富士御師であり、塩屋であり、仲間に猿まわしもいたことになる。どの職業者も、戦国時代には忍びに使われることが多い人びとであった。

守は天正十九年(一五九一)の奥州出陣の折り、いまの宮城県大崎市で死去している。文化十一年(一八一四)に成立した甲府勤番・松平貞能《さだよし》編『甲斐国史』によれば、その子孫は本栖の番人を務めていたが、享保七年(一七二二)、嗣子がいなかったことにより家系は断絶したという。

渡辺家は現場の番人を差配する立場であり、むろん被差別民ではなかった。ただ、その支配下で実際に国境の警護に当たる末端の番人は、非人と同種の身分であった可能性が高い。これは、どの地方にあってもいえることだった。

これと関連して、もう一つ気になることがある。囚獄佑は天正十三年(一五八五)、家康から甲斐国心経寺村《しんぎょうじ》（現山梨県甲府市心経寺町）を知行地にあてがわれているが、この村の鎮守は白山神社である。東日本の被差別部落では、しばしば白山神社を氏神としており、山梨県も例外ではない。心経寺村は穢多村であったことも、非人の居住地であったこともないのに、どういういきさつによるのか白山社を祀っている。

右に述べたことから考えて、渡辺守は武田氏家臣の中でも、やや特異な地位にあったことは間違いあるまい。その人物が「囚獄佑」を仮名にしていたことに、いっそう不審を覚えるのである。

いずれであれ、守が戦国時代、甲斐武田氏の忍びの一端をになっていたことは確実であるように思われる。

第三章　伊賀・甲賀の忍びとは、どんな集団だったか

1　忍びの代名詞「伊賀者」と「甲賀者」

元来は単に伊賀または甲賀に住む者、そこから出た者を指したはずの伊賀者、甲賀者の語が「忍び」を意味するようになった時期は、かなり早い。その結びつきは、遅くとも江戸中期にはできていた。

享保十九年（一七三四）に完成した近江国（滋賀県）の地誌『近江輿地志略《よちしりゃく》』は、近江膳所《ぜぜ》藩士・寒川辰清《さむかわとききよ》（一六九七―一七三九年）の編纂だが、その巻之九十八「土産之部」の甲賀郡の項に次のように見えている。

「忍者　伊賀甲賀と号し、忍者といふ。敵の城内へも自由に忍び入、密事を見聞して味方に告知する者なり。西土《せいど》（ここでは中国のこと＝引用者）に所謂細作《いわゆるさいさく》也。軍学者流にかぎ、物聞《ものきき》といふ類也。永禄の頃、鳶《とび》加藤と云者、最妙手の名有。世上普《あまね》く伊賀甲賀の忍者と称することは、

足利将軍家の鈎《まがり》御陣の時、神妙奇異の働ありしを、日本国中の大軍眼前に見聞する故に、其《それ》以来名高し」

右の「忍者」の文字は、おそらく「にんじゃ」ではなく、「しのびもの」または「しのびのもの」と読んだのではないか。江戸時代どころか、明治時代にも「にんじゃ」という言葉があったことを示す確実な例は知られていないらしいからである。

「かぎ（嗅ぎ）、物聞」は、本書の第一章9節で紹介したように、斥候・偵察者とくに夜間のそれのことである。「鳶加藤」は「飛加藤」とも書き、寒川辰清は永禄（一五五八―七〇年）のころの忍びだとしているが、仮に実在していたとしても、どんな人物だったのか全くわからない。

「鈎の陣」については、のちに取上げることにしたい。

『近江輿地志略』の記述は、何だか近ごろの「忍者列伝」を思わせ、この方面の物語が三〇〇年も前すでにはっきりと成立していたことがわかって興味ぶかい。それにしても、ある特定の地名が忍びなる集団の代名詞のようになったのは、なぜだろうか。

これについて考える前に、まず伊賀、甲賀とは、どこのことか述べておきたい。

伊賀は、旧国名の伊賀国のことである。すなわち、現在の三重県の北西部に位置し、伊賀市と名張市を合わせた地域になる。北と西側で滋賀県、京都府、奈良県に接している。

一方、甲賀は旧近江国甲賀郡のことである。滋賀県の南端部を占め、いまの甲賀市と湖南市に当たる。近畿圏以外の地方には、これを「こうが」と読む人も少なくないようだが、地元ではみな「こうか」と発音している。

両地は地つづきであり、地形にも共通点が多い。よく山に囲まれた山国だとされ、それが忍びの集団を生んだ理由の一つのように説明されるが、この理解には大きな問題がある。たしかに、ともに山がちだとはいえ、いずれも里山か、それに毛が生えたくらいの低山ばかりで、山国のうちには入らないのではないか。どこへ行っても、だいたいは天地が広く、野は見わたすかぎり開けている。国境も、しばしば何の変哲もない山の斜面で、いつの間にか隣の国（現在の県）へ入っているほどである。

伊賀市上野（旧上野市）は、そのほぼ真ん中に位置する、両地域で最大の町である。以下で扱う伊賀・甲賀は、おおよそのところ上野のまわり一〇―二〇キロばかりの地域を指すことになる。

2 「武装屋敷」跡が、いまもあちこちに残る

伊賀・甲賀の忍びといえば、「忍術伝書」として知られる『万川集海』（ばんせんしゅうかい・まんせんしゅうかい、とも）や『正忍記《しょうにんき》』の内容を紹介したり、「伊賀の上忍」とされる服部半蔵や百地《ももち》三太夫のことを語ったり、撒《ま》き菱《びし》、鉤縄《かぎなわ》、水蜘蛛《みずぐも》、風車型手裏剣などの「忍具」について取上げる著述が少なくない。

しかし本書では、そういう話にはほとんど触れない。これらは基本的に、すべて物語であり、お話であって、史実とのかかわりはまずないと考えているからである。

「伊賀・甲賀の忍びとは何か、どのようにして両地に出現したのか」

この疑問の回答を求めるうえで、わたしは二つの言葉と概念が重要な手がかりになると思う。「単郭《たんかく》方形構造」と「惣《そう》・一揆」である。

初めに単郭方形構造から述べることにしたい。ちょっと取っつきにくそうな用語だが、この言葉は現在では観光客用に準備されているパンフレット類に使われていることも多い。つまり、伊賀・甲賀の忍びを問題にしようとするとき、欠かせない視点の一つだとみなされていることになる。

郭（かく・くるわ）とは城郭用語で、囲いの中の一区画のことである。それが一つだけの方形（正方形と長方形）の城郭を、「単郭方形」と呼んでいるのである。それがどんなものかは、実際に即して説明する方がわかりやすい。

滋賀県甲賀市甲南町新治《しんじ》の竹中城は、もっとも保存状態のよい単郭方形構造の城郭跡の一つとして知られ、近隣のほかの四城とともに、国の史跡に指定されている。ただし、現地には案内板も設置されておらず、わたしなどもたどり着くのに、だいぶん苦労した。目安としては、JR草津線甲南駅の南西一キロくらい、杉谷川（野洲《やす》川水系杣《そま》川の支流）東岸の、こんもりとした竹藪とでもいえばよいだろうか。

この城郭は、一辺五〇メートル（以下、本項では数字は、すべて概数）の、ほぼ正方形の土塁に囲まれている。これは外径であり、内径は一辺三〇メートル余りしかない。つまり、内部の平坦面は一〇〇〇平方メートル、三〇〇坪ほどの広さになる。これは日本の農家としては、ごくありふれた敷地面積であろう。

土塁の高さは崩れていないところで三メートル、上面が二メートルの幅で平たくなっている。その外側には空堀がめぐっており、深さは現状では一・五メートルだが、もとは二メートルばかりあったとみて大過ないと思われる。

したがって、堀底から土塁の上面までの比高差は五メートル前後になる。それが五〇度か六〇度の急斜面をなしているのである。外敵の侵攻にそなえた防備のためであることはいうまでもない。

竹中城が位置するのは、杉谷川の河岸段丘の上だと、甲賀市が発行しているパンフレットには書かれている。そのとおりだろうが、周辺の土地とくらべてとくに高いわけではない。少なくとも、軍事上、意味のある高さではない。

ここは元来は、一帯に耕作地をもつ地侍《じざむらい》（竹中氏だと伝えられている）の居住地だった可能性がきわめて高いと思う。それを戦乱の時代になって、堀をうがち土塁を築いて小さな城のような構えにしたのである。もし、初めから城郭のつもりで造ったのなら、こんな防御に不利な場所をえらぶはずがない。すなわち、竹中城は城郭というより「武装屋敷」と称すべき構造物

滋賀県甲賀市の竹中城跡。正方形の土塁に囲まれた内部は広さが300坪ほどしかない。

であった。

それを裏づける傍証として、まず挙げることができるのは、兵を一定期間、収容するには狭すぎる三〇〇坪の敷地である。まわりに土地はあるのだから、支城、出城にしろ、見張り台にしろ、もっと広い縄張りにすることは、いくらでもできたろう。これは立地からいっても、広さからしても、もともとは地侍（実質は農民であった）の屋敷だったに違いない。そう考えるべき状況証拠はほかにもあるが、それはのちに記すことにして、いまは近隣に残る同様の武装屋敷を紹介しておきたい。

竹中城から南東五〇〇メートルほどに残る倉《くら》治《じ》城も、立地、構造、広さいずれも、竹中城によく似ている。この城跡は崩れ方がひどいこともあって、竹中城より一層さがしにくい。わたしは、すぐ横で年配の男性に場所をたずねたと

ころ、近くで生まれ育ったというその人は、

「このあたりに城跡があるなんて耳にしたことがない」

と答えたほどであった。

だが、磯尾川（これも杣川の支流）沿いの雑木と竹の生い茂ったブッシュの中に、部分的ながら土塁と空堀をすかし見ることができた。前の家の住人によると、やっぱり単郭方形に間違いないらしい。

倉治城から南西へ五〇〇メートルの服部城、東南東へ六〇〇メートルの饗庭《あいば》（合羽）城の場合、標高は前面の平地より数メートル高くなっているが、決して要害の地ではない。わざわざ構えた城というより、屋敷を武装化したのではないか。

服部城の南六〇〇―七〇〇メートルの寺前《じぜん》城や村雨《むらさめ》城などは、これとは違って里山の先端上に位置しているうえ、郭の構えも城郭のそれらしい特徴をそなえている。つまり、武装屋敷のほかに、初めから城郭として築かれた単郭または複郭の方形構造も珍しくない。というより、現存のものにかぎれば、城郭の方がずっと多いようである。

とにかく、土塁と空堀を方形にめぐらせた城郭と武装屋敷は伊賀・甲賀に、それぞれ五五〇ヵ所、三〇〇ヵ所くらいずつ確認されており、その一部はこれから取上げていくことになるが、その前に単郭方形の武装屋敷として中世以来の姿を現在にそっくり伝えている「大原屋敷」について紹介しておきたい。

3　甲賀者の子孫が暮らす土塁の家

先の竹中城から南東へ六キロばかり、同じ甲賀市の田堵野《たどの》に「大原数馬家屋敷《かずまけ》」と呼ばれる民家がある。

滋賀県甲賀市の大原家屋敷。戦国時代そのままの土塁を残した郭内に、いまも子孫の方が暮らす。

大原数馬は寛政元年（一七八九）、仲間の甲賀郷士・上野八左衛門、隠岐守一郎らとともに、忍術伝書として著名な『万川集海』（伊賀国東湯舟村の郷士・藤村保武が一六七六年に書き上げた）の写本を江戸幕府に献上した人物である。同本は今日、『万川集海』の内閣文庫本として知られている（二〇一五年、国書刊行会から訳注本が出版された）。

大原屋敷は、杣川と支流の櫟野川《いちの》が合流するあたりの田園地帯に位置している。ここにも案内板も駐車場もない。竹中城や倉治城と同じように私有地であるばかりか、現に大原家の子孫の方がお住まいであり、公開もされていないから、あえて表示を避けているのかもしれない。

大原屋敷のすごさは、おそらく一六世紀ごろに築かれたと思われる単郭方形の防御施設を、ほぼ当時のままの状態で目にできるところにある。高さ三メートル前後の土塁が屋敷を方形に囲んでおり、いつのころか新たに開けたらしい二つ目の出入り口を除くと、大きく棄損された部分は見当たらない。ただ、その外側の空堀は長年、風雨にさらされつづけたためであろう、土砂が積もってだいぶん浅くなっているように見える。明らかに埋め立てたところもある。

規模は竹中城とほぼ同じ、つまり郭内の面積は三〇〇坪くらいと想像して大過ないのではないか。グーグルの航空写真によると、そこに大きな家屋が一棟と、ずっと小さな住まいとは違う感じの建物が一つ建っている。ほかに、これといった構造物は門しかない。

昔なら、ここに居宅、農作業用の庭、農具小屋、牛馬小屋、まぐさ置き場、土蔵、井戸と洗い場、便所（たいてい戸外にあった）などが配置され、それだけで三〇〇坪程度の敷地は、いっぱいになっていたろう。大原屋敷の現在のたたずまいは、そのような以前のありようを裏づけているといってよく、伊賀・甲賀にもっとも普通の単郭方形、一辺が外径で五〇メートルの「城郭」は、それが要害の地にない場合、実は地侍の屋敷を武装したものである可能性が高いことを語っていると思う。

大原屋敷も防備に適した立地ではない。二つの川に近いといっても川に臨んでいるわけではなく、まわりはべったりした平坦地である。要するに、典型的な農家の結構だといえる。それは隣家とくらべてみても、よくわかる。

大原家に南接する家も外径で一辺五〇メートルほど、しかも北側の一角には一〇メートル以上にわたって、大原家とほとんど同じ土塁が残っている。この家も、もとは武装屋敷であったことが、ほぼ確実である。それが戦乱の時代が去ったあと、土地を有効に利用するため土塁をあらかた削り取ってしまったに違いない。

この南東隣の家についても同様のことが考えられる。方形で一辺五〇メートルの敷地は右の二軒と変わらず、ただ土塁はきれいに取り去っているようである。

この推測に誤りがないとすると、ここには少なくとも三軒の地侍（武装農民）の居宅が連なって建ち、それぞれが土塁と空堀を構えていたことになる。おそらく、一族であったろう。

伊賀・甲賀には、このような同型、同規模の武装屋敷跡が数多く残っている。こんな土地は、ほかには全くないのではないか。そうだとするなら、戦国期の伊賀・甲賀の忍びとは、単郭方形構造の屋敷に住んだ者たちと言い換えることもできるはずである。

4 方形土塁を山上に築く

甲賀市甲南町新治の竹中城から南へ一・四―一・五キロほどに、やはり国の史跡に指定されている寺前城址と村雨城址がある。

相並んで残る二つの城は、比高差で一〇メートル前後とはいえ、まわりの平地より高い山の上に築かれているところが、竹中城や大原屋敷などの「武装屋敷」と決定的に違っている。これは、例えば水の便ひとつ考えても、本来の農家の立地ではない。防御を優先させた城郭だといえる。

両方とも単郭ではなく、複数（はっきりしたものでは二つ）の郭《くるわ》からなっている。ところが、主郭はともに外径が一辺五〇メートルの方形土塁で、その外側を空堀がめぐっているのである。つまり、竹中城や大原屋敷を山上に載せたような格好になる。

「一辺五〇メートルの方形土塁」

の城跡は、伊賀・甲賀地方には本当に多い。合わせて八五〇ばかりが確認されているという中世城郭の大半がこれではないか。まるで、城とはそうでなければならないと、当地の土豪たちが固く信じていたかのようである。

山城は、どこのものにかぎらず、長期の居住には適していない。水は得にくいし、生活物資は、いちいち運び上げなければならない。それでも要害の地をえらんで城郭を構えたのは、いうまでもなく敵襲にそなえるためである。だから城主も家臣たちも、ふだんは麓の家で暮らしていた。

主に東日本に分布する「根小屋《ねごや》」「根古屋《ねごや》」「根古谷《ねごや》」（あとの二つは「根小屋」の当て字）などの地名は、そのような中世の城下町、城下村に由来している。ネゴヤ地名は、すでに消滅して資料にだけ現れるものも含めたら、おそらく数百ヵ所にはなるだろう。中には、
・千葉県匝瑳《そうさ》市飯高《いいだか》字城下《ねごや》
のように、漢字の音訓を全く離れた、意味のみによる表記を用いている例もある。

これが西日本になると、「土居（どい）」「山下（さんげ）」「城（だいたいは、じょうと読む）」「麓（ふもと）」などが、それに当たっている。以上に述べた地名のそばには、必ず中世の城跡があるといって過言ではない。

伊賀・甲賀は、右のうちの「城（じょう）」地域になるようである。ただし、ほかとかなり異なって、城郭は集落のすぐ背後の里山の先端に集中している。これは同地方の山城（比高差は、まず例外なしに一〇〇メートルに満たないから、厳密には平山城だが）の著しい特徴だと

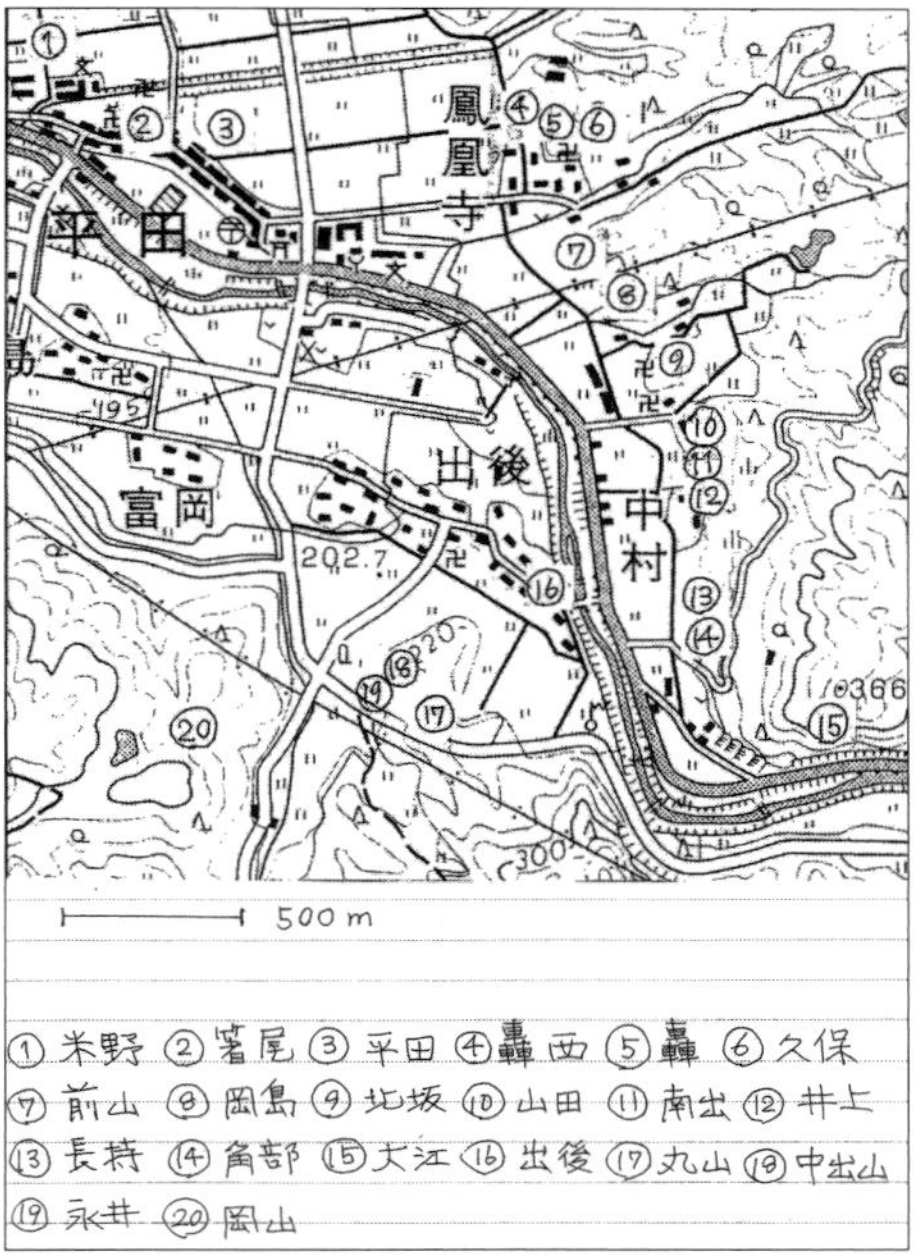

伊賀市中村、鳳凰寺あたりの城郭跡

いえる。

伊賀市中村から鳳凰寺《ほうじ》にかけての一帯は、一辺わずか二・五キロ四方の範囲に二〇ヵ所もの中世城郭が残存する城跡の密集地である。そのほとんどが集落に接した丘の先端に位置しており、いずれも平地との比高差は一〇メートルくらいか、それ以下であろう。だいたいは方形の土塁や空堀の一部が確認できる。そこは宅地でも耕作地でもなかったから、多大の労力を費やして土塁を削り取ったり、空堀を埋めたりするだけの利点にとぼしく、それゆえ昔の姿の片鱗を今日に伝えているのだと思われる。

これに対して、下に広がる集落の方には、土塁も空堀も見当たらない。それは、もとからなかったのではなく、土地を有効に活用するため、いつのころかに除去した結果ではないか。

敵が襲ってきた際、険しい山の頂の城に逃げ込むならともかく、裏の微高地に立てこもっても、あまり意味はなさそうである。確証を挙げることは難しいが、ここら辺の住宅も戦国時代には、竹中城や大原屋敷のように武装化しており、まず屋敷で敵襲をしのぎ、防ぎきれなかったときは後ろの山へ逃げ込んでいたのではないか。この想像が当たっているとすれば、少なくとも平山城の数だけの武装屋敷があったろう。つまり、一人の地侍が武装屋敷と山城とをもち、両者一体で防御の構えとしていたことになる。

その場合だと二・五キロ四方に四〇ヵ所、そういう仮定はおかず現存の山城にかぎっても二〇ヵ所は、ほかの地方ではまずありえない多さである。しかし同地では、このような場所は決して伊賀市の中村や鳳凰寺のあたりにかぎらない。「狭い地域に密集する、ごく小規模な城郭群」

ここに伊賀・甲賀の特殊性がある。そうして、それこそが忍びの存在と分かちがたく結びついているのである。

5 「甲賀郡中惣」

伊賀・甲賀の忍びが、なぜ発生したかを考えるうえで、狭い地域に密集する「単郭方形構造」の小城郭群と並んで、もう一つ重要な手がかりがある。「惣・一揆」である。

「惣」は漢和辞典によれば、総と同義の字であり、一揆の「揆」は「道、はかりごと」の意だという。これが歴史用語として使われるときには、惣も一揆も「連合・同盟」を指すと理解してよいと思う。例えば、百姓一揆は、農民たちがお上に何ごとかを要求するために一致団結した同盟であった。

甲賀には戦国時代、「甲賀郡中惣」と称する組織が結成されていた。郡中（郡全体）が加わった惣（同盟）である。しかも、これには国人《こくじん》（広い領地を有する土豪）、地侍《じざむらい》（もっと小規模な土豪）、寺院のほかに百姓も含まれていた。彼らが上下ではなく、横の関係で結びついていたのである。そうすることによって、外敵にそなえたといえる。

甲賀には、戦国大名のような地域全体を支配する権力者が出現しなかった。それは、自ら進んで、よその領地を切り取りにかかる動機をもたなかったことを意味している。しかし、こちらに侵略の意図がないからといって、ほかの軍事勢力が放っておいてくれるわけではない。それどころか、これ幸いと空き地の草でも刈るように、たちまち群雄たちが押しかけてくることになる。それが戦国時代というものであった。

弱小集団が、強大な軍隊に対抗するには、互いに結束するしかない。とはいえ、もともと利害の衝突しやすい、似たような規模の者同士が、いきなり一つにまとまることは簡単ではない。甲賀には、その基礎になる団体があった。

「同名《どうみょう》中惣」

といった。

「同名」とは、名字《みょうじ》（姓）を同じくする一族のことである。したがって中惣は、それが寄り集まった同盟のことになるが、まわりからの軍事的圧力の高まりとともに、これに血縁関係のない土豪たちも加え、さらに寺院、百姓も迎えて、身分を超えた地域連合ができていた。これが同名中惣である。

そこでは「談合」（合議）と「多分之儀」（多数決）によって、ものごとが決められていた。決定事項は「同名中与中掟《くみちゅう》」にして、これに反する者は制裁を科された。このような惣が甲賀には二〇前後あったといわれている。

その「奉行」（代表者）たちは、甲賀の総社とされていた油日《あぶらひ》神社（現甲賀市甲賀町油日）

に集まって「寄合」を行っており、それが郡中惣へ発展したのである。永禄年間（一五五八―七〇年）ごろのことらしい。

同名中惣が、いつごろ形成されたのかはっきりしないが、長享元年（一四八七）に「鈎《まがり》の陣」が起きたときには、すでに存在していた可能性が高い。

鈎の陣（長享の乱とも）とは、応仁・文明の乱（一四六七―七七年）による混乱に乗じて、近江一帯の荘園を押領していた近江守護・六角行高（のちの高頼）が、もとの領主たちからの返還要求に応じないため、室町幕府の将軍・足利義尚《よしひさ》自らが率いる軍の攻撃を受けた戦役である。義尚は、現滋賀県栗東《りっとう》市鈎《まがり》に本陣を置いていた。

幕府の大軍が近江に攻め入ってくると、行高は甲賀へ逃げ込む。かねてより、行高と甲賀衆のあいだに何らかの連携があったからだと思われる。乱は一年半に及ぶが、決着がつかないうちに義尚は陣中で没してしまう。わずか二五歳であった。病死だったと伝えられ、それを否定する証拠は何もない。これをきっかけに、幕府軍は京都へ帰還した。

室町幕府は将軍自身が出陣しながら、近江の一軍事勢力を制圧しきれなかったことになる。それは六角氏と甲賀衆にとっては、勝利にひとしかった。

とくに、若年の義尚が死亡したことは、甲賀衆の襲撃による傷がもとであったとの伝説を生み、甲賀武士の評判を高める結果をもたらした。また、同時代の史料には見えないが、この乱の折り甲賀の土豪五三家が鈎の陣に夜襲をかけて大戦果を挙げたと記す江戸期の軍記物もある。

既述の『近江輿地志略』が述べる、

「足利将軍家の鈎御陣の時、(甲賀忍びの)神妙奇異の働ありしを、日本国中の大軍眼前に見聞する故に、其以来名高し」

という一節は、それらの反映にほかならない。

その種の物語とは別に、関白を務めた近衛政家(一四四四―一五〇五年)の日記『後法興院《ごほうこういん》記《き》』の長享元年十二月三日条に、

「甲賀に在陣していた幕府の軍勢が、蜂起した数千人の牢人たちに襲撃され、苦戦した」

旨の記述がある。

この「蜂起した数千人の牢人たち」こそ、のちに「同名中惣」を構成する人びとと同質の地侍、百姓らであったことは、まず確実であろう。あるいは当時、「同名中惣」の名も実体もすでにできていたかもしれない。

6 「伊賀惣国一揆」

甲賀の「甲賀郡中惣」と同質の組織は、伊賀にもあった。「伊賀惣国一揆」といった。「伊賀総国同盟」の意である。

その掟書《おきてが》きが一通だけ現存している。甲賀郡中惣の有力者・山中家に伝来してきたもので、一一ヵ条からなっている。最後の第一一条には、

「当国（伊賀）の方は、つつがなくととのった。甲賀からの合力（協力）が大事なので、伊賀と甲賀との境で近く野寄合《のよりあい》（適当な場所での会合）を開くことにする」
とある。

甲賀が伊賀から合力を求められ、それを了承した結果、「伊賀惣国一揆掟書」が甲賀側にも渡され、甲賀の旧家・山中家が保存していたのであろう。

掟書きは「霜月（十一月）十六日」とあるだけで年次を欠いているが、永禄十二年（一五六九）説が有力のようである。一揆結成の目的は第一条に、

「他国より当国へ攻め入ってくる者があれば、惣国が一味同心（一致団結）して、これを防がねばならない」

と述べていることに、はっきり示されている。時期からいって、織田信長軍を念頭に置いたものであることは、間違いない。当時、天下統一に向けて次々と布石を打ちつつあった信長が、伊賀および甲賀へも襲いかかってくるのは時間の問題と受け止められていた。

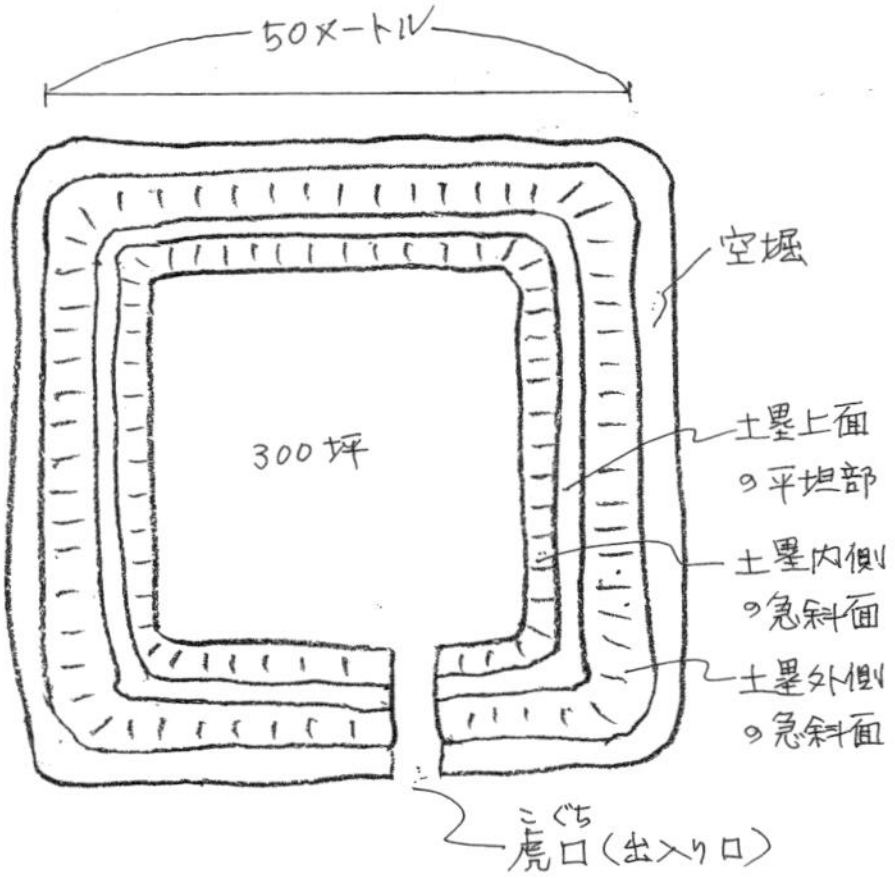

典型的な単郭方形構造の城郭または武装屋敷の概念図

伊賀にも甲賀と同じように、有力な戦国大名は生まれていなかった。となると、弱小の土豪たちが結束して対抗するしかない。それも、彼らだけでは不十分である。第三条では、「一七歳から五〇歳までは在陣しなければならない」と青壮年の総動員を定めたうえ、第五条に、足軽の働きを期待することはもちろん、「忠節を尽くす百姓があれば過分の褒美を与え、そのような百姓を侍に取り立てることもある」

と記している。

ほかにも若い僧侶の在陣をうながしており、結局、土豪、足軽、百姓、僧侶らが一丸となって来襲者に立ち向かうことを取り決めていたことになる。

掟書き全体の文言から判断して、土豪のみを侍と呼ぶ場合と、これに足軽を合わせて、そう称することがあったようである。

土豪は、かつての地頭（鎌倉・室町幕府から派遣または任命された武士）や、荘官（荘園の管理人）あるいは、それに準じる家系に出自をもつと理解して大過あるまい。

一方、足軽は彼らの被官《ひかん》ないしは下人《げにん》の立場にあったと思われる。いちおう「武士」に分類されてはいたが、それぞれの主家への隷属性が強く、その暮らしぶりは、ときに百姓以下の者もいたのではないか。

伊賀・甲賀の単郭方形構造の城郭や武装屋敷を実際に築く作業に当たっていたのは、主に、この足軽たちであったろう。すなわち、彼らは兵士であるとともに、土豪のもとで働く農業労働者であり、諸仕事にたずさわる村の職人であり、そうして築城技術者でもあったといえる。

7　足軽が忍びの中核であった

「伊賀惣国一揆掟書」第五条の冒頭には、
「国中之あしかる（足軽）他国へ行《いき》候てさへ城を取事《とる》ニ候」
という注目すべき一節が見える。

これにつづく文章には、やや意味が取りがたいところがあるが、要するに「当国、危急存亡の折りには、進んで国境を越えて敵方の城を奪え」と奨励しているのであろう。

とにかく、右によって、伊賀の足軽がふだんから他国へ出かけてゆき、「城取り」に従っていたことがわかる。これ以外にも、伊賀衆が他国の戦争に城取りとして用いられていたことを語る史料が、そう多くはないものの残っている。どうやら、傭兵のような形で、主従関係のない武将のために働く伊賀者が少なくなかったようである。それは、おそらく甲賀者も同じであり、これこそが伊賀および甲賀の忍び伝説を生んだ、もっとも大きな理由であったに違いない。

それにしても、伊賀（と甲賀）の足軽は、なぜ城取りに他国人にはない力量をもつとみなされていたのだろうか。

答はやはり、いまなお両地に城郭、武装屋敷跡がおびただしい事実に求めるしかないと思う。

どこかの住宅に忍び込もうとすれば、その家を普請した大工が、ほかの者よりずっと容易に侵入して当然であるように、領内に確認されているだけで八五〇もの中世城郭を築いた伊賀・甲賀者が「城取り」を得意としたとしても不思議ではない。

既述のように、甲賀市田堵野《たどの》の大原屋敷の南隣の家には、大原家と同じ土塁が部分的に残存しており、この家もかつては武装していた可能性が高い。その南東隣の家についても同じことがいえる。確証を挙げることは難しいが、伊賀・甲賀には以前、このような造りの屋敷が、さらに多かったのではないか。

そうだとしたら、これらの地域では室町時代から戦国期にかけて、年中、城づくりが行われていたはずである。総監督は、むろん土豪たちであった。しかし、現場で百姓らの作業を指揮し、また自らも鋤《すき》、鍬《くわ》を手に取って工事を進めたのは足軽たちであったろう。

それが代をついで何十年、百何十年とつづいているうちには、手なれてもくるし、特殊な技術も蓄積されていく。例えば、敵兵の攻城を防ぐための逆茂木《さかもぎ》や竹矢来《たけやらい》、石落としのような設備に対する新たな工夫、速やかな設置方法などにも熟達していたことは想像に難くない。

戦国時代には、ときどき「一夜城」の伝説をもつ城が築かれている。本当に一夜でできたとは考えにくいが、ごく短期間に竣工した城郭は珍しくなかったと思われる。そのような際、熟練した城郭技術者の伊賀・甲賀者は大いに重宝されたに違いなく、また城攻めの折りには、城の弱点をよく知る彼らの知識が競って求められたのではないか。

忍者を扱った物語では、よく忍び込む城が壮大な天守と、急傾斜の高い石垣を備えた城郭として描写される。だが戦国時代には、そのような城は現滋賀県近江八幡市に信長が築かせた安土城などごくまれな例外を除いて、ほとんど存在していなかった。城は原則的に土づくり、つまり伊賀・甲賀に現在も見られるような形態であった。

単郭方形の城郭や武装屋敷を数かぎりなく構築した伊賀・甲賀の足軽たちを、城取りの手だれとして他国が金で雇う利点は十分にあったのである。

8 天正伊賀の乱

「伊賀惣国一揆掟書」の末尾には「霜月（十一月）十六日」とあるだけだが、その年次は永禄十二年（一五六九）だと考える研究者が多いようである。このあと、伊賀と甲賀は「合力之儀専一」にして、織田信長軍に当たることを誓い合っていた。

しかし、強大な織田の軍勢に立ち向かうことは容易ではなかったとみえ、それから五年後の天正二年（一五七四）、甲賀は織田方に屈して臣従することになる。いずれ遠からぬうちに、伊賀も同じ危機を迎えることは火を見るより明らかであった。

事実、天正六年になって、信長の二男・信雄《のぶかつ》と、その麾下が伊賀のど真ん中から、わずかに南へ寄った現伊賀市下神戸《しもかんべ》の独立峰・丸山（二一三メートル）にあった城の大規模な修復に乗り出したのだった。それは実質的には築城といえた。

天正伊賀の乱の最後の舞台となった名張市の柏原城跡。本郭は、やはり方形の土塁に囲まれている。

惣国一揆側は、これを黙って見ていることはしなかった。神戸など一一ヵ村の土豪や足軽そして、おそらく百姓らも加わって、まだ完成していなかった丸山城を襲い、信雄軍を東隣の伊勢国へ敗走させたのだった。信雄は、伊勢国司・北畠具房《ともふさ》の養嗣子となって、伊勢に住んでいた。

面目をつぶされた信雄は翌年九月、父の信長には無断で兵八〇〇〇を率いて伊賀へ侵入する。一挙に、もみつぶすつもりであったろう。ところが、またもや伊賀衆に敗れてしまう。後世、第一次天正伊賀の乱と呼ばれるようになる戦いである。織田方は退却中に、殿《しんがり》（最後尾にあって敵の追撃を防ぐ役目の部隊）の大将をつとめていた信長の重臣・柘《つ》植《げ》保重《やすしげ》を失い、とくにその点で信雄は父の激怒をかったといわれている。

まる二年後の天正九年（一五八一）九月、再び信雄が総大将となって、六ヵ所からいっせいに伊賀へ攻め入った（第二次天正伊賀の乱）。今度の兵は合わせて五万、丹羽長秀、滝川一益《かずます》、蒲生氏郷、筒井順慶ら信長軍えりすぐりの有力武将が補佐していた。

伊賀衆は、当時、日本最強だったはずの織田軍を向こうにまわして、実によく戦ったようである。籠城に耐え、野戦で夜襲をかけて敵軍を翻弄したことも一度や二度ではなかった。しかし、やはり全人口で九万といわれた小国が、五万の職業兵士たちの猛攻をしのぎきることは難しく、最後に伊賀衆が立てこもっていた大和国に近い現三重県名張市赤目町の柏原《かしはら》城が十月中旬に落城、惣国一揆は崩壊したのだった。

織田軍の伊賀攻めは、殲滅戦といえる苛烈で残酷なものであった。奈良・興福寺の僧たちが残した『蓮成院《れんじょういん》記録』には、

「日々に五百、三百が首を刎ねらる」

と見えている。

死んだり、殺されたりした者は、非戦闘員を含めて総数三万に及んだとする指摘もある。全住民のうち三分の一が犠牲になったことになるが、そう誇張した数字でもないのではないか。

9 福地城と福地氏の悲哀

伊賀の中央からは東に偏した、もう伊勢境に近い柘植村（現伊賀市柘植町）に福地氏の居

城・福地城があった。

いまでも、かなりよく旧状を残しており、三重県の史跡に指定されている。伊賀の中世城郭にしては大規模で、城域は東西二七〇メートル、南北一七〇メートルほどに及んでいる。そこに大小合わせて一三前後の郭を構えていたようである。主郭もさすがに大きく、外径で東西八〇メートル、南北は一〇〇メートルくらいになる。それでも、やっぱり方形（ここの場合は長方形）の土塁と空堀をめぐらせているところは、ほかの当地方の城郭、武装屋敷と変わらない。ただ、珍しく虎口《こぐち》（出入り口）は石垣づくりで、有力者の築城であったことがうかがえる。

京都・醍醐寺の座主《ざす》であった満済《まんさい》の日記『満済准后《じゅごう》日記』正長二年（一四二九）二月十六日条に、

「伊賀国人ツケ（柘植）三方ヘキ（日置）、北ムラ（北村）、福チ（福地）也」

と見えており、福地氏は当時すでに日置《へき》氏、北村氏と並んで「柘植三方」（柘植の三人衆といったほどの意ではないか）と称される有力国人の一人だったことがわかる。

天正伊賀の乱の際、福地氏は、ほかの伊賀衆とは違った行動をとっている。当主の宗隆が織田方についたのである。それによって衰亡をまぬかれたばかりか、乱後、自らの勢力を拡大したのだった。

ところが、それも束の間、翌天正十年（一五八二）六月に織田信長が本能寺の変で横死すると、惣国一揆の残党たちから裏切り者として一斉攻撃を仕かけられ、国外へ逃亡している。伊

伊賀市柘植町の福地城の虎口（出入り口）。伊賀・甲賀の城郭にしては珍しく、この部分だけは石垣づくりである。

賀衆といえども、必ずしも一枚岩ではなかったのである。

第一次天正伊賀の乱の折り、敗走する織田信雄軍の殿をつとめていて敵兵に討ち取られた前記の柘植保重は、福地宗隆の子だったといわれる。保重は初め、伊勢国の戦国大名・北畠具教《とものり》の実弟の木造具政《こづくりともまさ》に仕えていた。

しかし、永禄十二年（一五六九）の織田信長の伊勢侵攻に際して、主君具政とともに織田側へ寝返ってしまう。その報復に、保重が北畠本家に人質に出していた妻子は磔《はりつけ》に処されている。それは事前に予想されたはずのことだが、戦国の世を生き抜き、家門を守りつづけるうえで、あえてえらんだ道だったということではないか。

福地宗隆と柘植保重が、たしかに親子

だったとすれば、天正伊賀の乱のとき宗隆が織田方にはしったことも、それなりに首尾一貫した選択だったといえる。彼らは、伊賀の土豪たちのような弱小勢力が、いくら一揆を結成して一味同心を誓ったとしても、結局、強大な戦国大名に立ち向かうことは難しい、そう冷静に見通していたのかもしれない。

一方、甲賀には、信長が伊勢攻めに着手し、また「伊賀惣国一揆掟書」が成立する永禄十二年より前から、郡内の土豪たちに信長への服属をはたらきかける有力武将がいた。現甲賀市甲賀町和田に七つの城郭群を残している和田氏である。当時の当主は、惟政《これまさ》といった。

和田惟政は、永禄八年（一五六五）に室町幕府の第一三代将軍・足利義輝が松永久秀らに暗殺されたあと、義輝の弟の一乗院覚慶《かくけい》（のちの第一五代将軍・足利義昭）を和田村の自邸近くにかくまっていた。これは、義昭を自らの傀儡に仕立てようとした信長の意向を、惟政がくんだものであった。

惟政は生粋の甲賀の国人だったが、そのような動きをつづけていたから、当然、甲賀郡中惣や伊賀惣国一揆と同調することはなかった。甲賀衆の方も、やはり一つにまとまってはいなかったことになる。

10 伊賀・甲賀の城郭群は何を目的に築かれたか

第一次の天正伊賀の乱に際して、八〇〇〇の兵を率いて伊賀へ襲いかかってきた織田信雄の軍を撃退した事実などから考えて、伊賀惣国一揆が相当の戦闘力を有していたことは間違いあるまい。

その強さの秘密は一つには、農民を含めた住民のほぼ全部が結束していたことにあったと思われる。さらに、彼らが拠るべき城郭群が、おびただしく存在していたことも大きな理由であったろう。

ところで、伊賀・甲賀には、なぜ合わせて八五〇とされる（近年では、もっと大きな数字を挙げる研究者も現れている）ほどの城郭が密集していたのだろうか。これを証拠を挙げて説明するのは、そう簡単ではない。個々の城なり武装屋敷なりが、いつ造られたのかはっきりしないからである。

「織田信長の強大な軍勢にそなえたものだった」

と、よくいわれる。

たしかに、そのような城郭も少なくなかったに違いない。

しかし、両地に多かった一辺五〇メートルの方形構造の小城郭が、信長軍のような最新の武器を採用していた大部隊を防ぐのに有効だと、伊賀・甲賀衆が考えていたのか疑問が残る。天正伊賀の乱に先立つ四年前の天正三年（一五七五）、織田軍は長篠の戦い（現愛知県新城市《しんしろ》）で甲斐武田氏の軍を大敗させているが、その折りには鉄砲三〇〇〇挺《ちょう》を所持する鉄砲隊を編成していた。騎馬隊も、もちろんいた。それらの大編隊が押し寄せてくれば、各個撃破は避けら

伊賀市喰代の百地城跡に残る土塁と空堀。この右側が主郭、左側が副郭であった。

れそうにない。そんな大げさなものではなく、例えば火矢《ひや》の攻撃にも、本郭《ほんぐるわ》までの距離が近すぎて著しく不利であったろう。

それにもかかわらず、要害の地をえらんだ本格的な山城の構築は、伊賀・甲賀にはほとんど見られなかった。どれもこれも、判で押したように平地か、すぐ裏の里山の先端に築かれている。先の福地城も、これと並んで伊賀にあっては規模の大きかった現伊賀市喰代《ほうじろ》の百地《ももち》城（東西二五〇メートル、南北六〇メートル）も、村近くの低く、なだらかな丘の上に位置していた。後者の城主・百地丹波守は、伊賀惣国一揆終焉の地となる名張市赤目町の柏原城に立てこもって最後まで織田軍に抵抗した有力土豪だった。伝説の「伊賀の上忍《じょうにん》・百地三太夫」と同一視されることも多いが、三太夫は架空の人物であり、「上忍」

という言葉も概念も、ずっとのちに生まれたものである。

立地のみならず、伊賀・甲賀の城郭は城域が本当に狭い。他国には、両地域の平均の数十倍、数百倍くらいの山城がいくらでもある。そうして、単郭方形構造の武装屋敷というのは、まず知られていないと思う。

そうだとするなら、伊賀・甲賀の土の砦は元来、他国の大軍勢を迎え討つことを目的にしたものではなく、地内の小土豪間の小ぜりあい、紛争が生んだものではなかったか。

11 土居の歴史

方形に土塁を築き、その外側に空堀または水堀をめぐらす形式の城郭は、もっぱら伊賀・甲賀地方にのみ見られたわけではない。むしろ、古くから、とくに平地に設けられた城郭あるいは砦などに普通の構造だったのではないか。

現茨城県つくば市小田の小田城は、鎌倉時代から戦国時代まで常陸国の南部に勢力を張っていた小田氏の居城であった。同城は筑波山系の南部・小田山（宝篋《ほうきょう》山とも。四六一メートル）麓の田園地帯に位置して、遺存状態がよかったことから昭和十年（一九三五）、国の史蹟（現在の史跡）に指定された。その後、発掘調査をへて一部に復元工事がほどこされている。

全面積は指定域だけで七万坪近く、本郭は高さ二メートルほどの方形の土塁に囲まれ、その内径でも東西一〇〇メートル、南北一一五メートルになる。外側に幅二〇メートルの堀がめぐっており、水堀であった可能性が高い。要するに、伊賀・甲賀の土の城にくらべて規模がずっと大きく、まわりが霞ヶ浦へ注ぐ桜川沿いの湿地帯であったため堀に水がたたえられていたらしいことを除けば、双方に基本的な違いはなかったといえる。

現高知県南国市田村の「田村城館跡」は一四世紀の後半、室町幕府から土佐の守護代として派遣された細川氏が築いた居館であった。島田豊寿《とよとし》氏の「長宗我部氏時代を中心とする市町《いちまち》の研究」（一九七八年、名著出版刊『土佐史の諸問題』所収）によると、ここは一般には「田村土居」と呼ばれ、東西一六〇メートルまたは一八〇メートル、南北二四〇メートルの長大な土塁と堀に囲まれていたという。そのほんの一部は現存している。

郭内の面積は四・五町ないし五町（一町は三〇〇〇坪で、およそ一ヘクタール）にも及び、内部に一町の内郭《ないかく》、その中に一反（三〇〇坪）余りの本郭《ほんぐるわ》を含んでいた。いずれも、方形の土塁と堀を構えており、「奥の土居」と称される本郭だけの規模でも、甲賀市の竹中城や大原屋敷より大きい。

現高知県安芸市土居の安芸城は、前章でも名前を出した土佐の戦国大名・安芸氏（五〇〇〇貫）の居城であった。江戸時代にも城として使われていたため大幅な改変が加えられているが、本丸に一部だけが残る土塁は戦国期のものであり、もとは方形だったと推定される。

田村土居とか奥の土居という言葉や、安芸城の所在地の地名が土居であることから考えて、土佐あたりでは方形土塁の城郭を「土居」と呼んでいたと思われる。既述のように、四国や中国地方の、とくに山間には土居の付く地名がやたらにある。おおかたは小地名で、一つの村に一つが原則である。ただし、しばしば「土居ノ西」「土居ノ前」などの地名をともなっている。そのような村へ行けば、いまでも「お土居」「土居の隠居」「若《わか》土居」といった屋号の家が残っていることが珍しくない。それらは敷地が広く、かつては門構えも立派だったが、その後の居住者の転出、死亡によって軒が傾いていたり、取り壊されたりしていることも多い。

茨城県つくば市の小田城跡の北虎口。伊賀・甲賀に残る城郭群の虎口と基本的な違いはない。

「お土居」は例外なく村きっての旧家であり、中世とか戦国時代ごろの地侍の血を引く家系だったようである。戦乱がつづいていた時期には当然、屋敷は武装していただろう。しかし、その居館の昔の造りまではわからない。当時の遺構が残っている例など、まずないからである。

ところが、何と称していたかは別にして、伊賀・甲賀には小型の小田城、田村土居が数百以上も確認できるのである。その多さは尋常ではない。これは、他国のように国人や地侍層の中から、しだいに有力武将に成長する者が現れ、やがて戦国大名が生まれてくるのではなく、いつまでも小土豪の割拠がつづいて、それに見合う数の小城郭ばかりが築かれたからではないか。そうとでも考えないかぎり、要害の地に構えられた規模の大きな山城がほとんど存在せず、小さな武装屋敷や里近くの丘の先端に設けられた外径で五〇メートル四方ほどの土の砦ばかりが、おびただしく残存している理由の説明がつかないような気がする。

そうだとするなら、住民たちは、その単郭方形構造の小型城郭に拠って、お互いが、

「一所懸命」

の陣取り合戦を繰り返していたとしても不思議ではない。

ちなみに、一所懸命とは、一所《いっしょ》の土地（自分が権利をもつ給地）に命をかけるの意で、「一生懸命」は、それが訛った表現である。

自らが城を造り、その城を守り、ほかの城を攻め落とすことを他国よりずっと頻繁におこなっていれば、おのずと築城技術に長じ、防御戦、攻城戦に巧みになっていくに違いない。伊賀・甲賀の忍びとは、そのような者たちのことだったのではないか。

そこへ織田信長のような強大な軍事勢力が押し寄せてきたら、いやでも結束して立ち向かうか、その前に降伏するしかあるまい。両地域では、まず前者の道をえらんだ。それが伊賀惣国一揆であり、甲賀郡中惣であった。彼らが小勢力の割に高い戦闘力を有していたのは、戦《いくさ》なれしていたからだと思う。

しかし結局、戦争を仕事にする兵たちが最新の兵器を装備して襲いかかってきたとき、長く抵抗しつづけることは難しく、その軍門に下ったのである。戦国期の伊賀・甲賀の忍びも、そ

れとともに姿を消し、また傭兵として他国へ散っていったことになる。

【コラム】③　近世の城と中世の城

日本の城といえば、たいていの人が、会津若松城（鶴ヶ城、福島県会津若松市）や姫路城（白鷺城、兵庫県姫路市）のような、堂々たる白亜の天守と高く険しい石垣、深くて幅の広い水堀を構えた大城郭を、まず思いうかべるのではないか。各県に一つか二つくらいずつある「城下町」と呼ばれる都市も、ほとんどが、そのような城を中心にして形成されている。

小説や漫画、映画などに出てくる「忍者」が、並はずれた体力、技術と特異な「忍具」を駆使して忍び込もうとするのも、決まって、その種の城である。次は、忍者小説の傑作として知られる司馬遼太郎『梟《ふくろう》の城』の末尾近くの一節である。

「（主人公の葛籠重蔵《つづらじゅうぞう》は）しずかに水底を這《は》いはじめた。

やがて、重蔵の掌《てのひら》は、ぬらりとした水底の石垣をつかんだ。腹を石垣の苔に密着させつつ、一挙に水面へ浮きあがると、石垣の隙間にクナイ（槍の穂先に柄を付けたような忍者が使う道具＝引用者）を打ちこみ、尺取虫が進むように、重蔵の影は、黒い天へむかってせりあがってゆく。

石垣は事もなく登りつめたが、なお白壁が聳《そび》えている。重蔵は、細引に付けた熊手を城壁の屋根の向うに投げて、ゆっくりと登りはじめた」

葛籠重蔵は伊賀の忍者で、彼は現京都市伏見区にあった伏見城へ侵入しようとしていた。同城は、豊臣秀吉が隠居所として築城したものであり、重蔵は、そこで寝ているはずの秀吉の命を狙っていたのだった。

彼は、まず水堀に身を沈め、堀底を這って進んだあと石垣に取りつく。それから、ロッククライマーが岩の割れ目にハーケン（金属製の楔《くさび》）を差し込んで岩壁を登っていくように、クナイを使って石垣をよじていった。その先に聳えている「白壁」とは、天守を載せた建物の漆喰《しっくい》壁のことである。大城郭の中には、天守が石垣から離れて建っているものもあるが、石垣ぎりぎりに建てている場合も少なくない。

当時の伏見城は現存せず、絵図などによっても、その姿を完全には復元できないようだが、小説の著者は、堀の石垣につづいて天守の白壁が垂直に立っているとしたのである。

ともあれ、右は忍者が城へ忍び込む場面の典型だといってよいだろう。

しかし、それはあくまで物語の世界のことであって、伊賀・甲賀の忍びたちが戦《いくさ》の場で縦横に力を発揮していた時代には、高い石垣の上に三層とか五層の天守を載せた城郭というのは、ほんの一、二しか現れていなかった。そういう形式の城として確実な最初の例は、織田信長が現在の滋賀県近江八幡市に築かせた安土城だが、それは天正七年（一五七九）になってからのことだった。

今日、「お城」の言葉とともに、われわれが頭にえがく幅の広い水堀、垂直に近い勾配の石垣、天にそびえる天守をセットにした巨大城郭は、ほぼすべてが一六世紀の末から江戸前期にかけての築城であり、そのころには戦場ばたらきの忍びの者たちは、あらかた姿を消していたのである。したがって、現実の忍びが葛籠重蔵のような技術をもっていたはずはなく、もっていたとしても使い道はなかったことになる。

本物の忍びたちが攻め落とす対象にしていたのは、もっぱら土でできた城であった。伊賀・甲賀地方に残る九〇〇近い城郭も武装屋敷も、たった一つを除いて、みなこれである。

伊賀上野城の石垣。高さ30メートルで、大阪城に次いで全国2番目の高さとされている。

例外の現伊賀市上野丸之内の伊賀上野城では、三〇メートル、大阪城に次いで全国二番目の高さとされる石垣を現在も目にできるが、これは江戸開府後の慶長十六年（一六一一）に藤堂高虎が築いたものだった。

中世の城郭は、堀底から土塁の上まで、せいぜいで一〇メートルほどの比高差しかなかった。傾斜も石垣にくら

…………………………………………………………

べたら、ずっと緩やかである。とはいえ、土であるからクナイを打ち込むだけの固さには欠けている。守る方からの監視も、しやすかったかもしれない。それに、土塁と空堀は白兵戦にそなえたものだったと思われ、もしだれもいなければ、侵入には、そう難儀しなかったろう。

要するに、近世の高石垣と、中世の土塁とでは、構造も設置目的もかなり違っており、その攻城方法にも大きな開きがあったと思われる。戦国期までの忍びが工夫をこらし、技術をみがいていたのは、当然、土の城に対してであったろう。

その「忍びの技」がどんなものであったのか、もはや、はっきりしなくなっているのではないか。

第四章　伊達氏の「黒脛巾組《くろはばき》」と会津・摺上原《すりあげはら》の合戦

1　『伊達秘鑑』から

戦国大名が、それぞれの諜報組織をもっていなかったなどということは、常識から考えてもほとんどありえまい。実の親子が相戦い、家臣が主君の寝首をかくことが少しも珍しくなかった戦乱の世に、現にあるいは潜在的に敵対する勢力の情勢を不断にさぐりつづけることは、どんなに鷹揚《おうよう》な武将でもしなかったはずはないからである。しかし、ことの性質上、その実際が史料価値の高い同時代の文献に記録されていることは、まずないのが通例であろう。

戦国期を代表する武将の一人、伊達政宗（一五六七―一六三六年）は、麾下に「黒脛巾組」と称する忍びたちの集団を編成していたとされている。黒脛巾組は、第一章で取上げた小田原北条氏の「風間《かざま》一党」と並んで、おそらくもっとも著名な忍びの者の組織だったといえるかもしれない。むろん、それは今日のわれわれにとってのことで、当時はその名を知る者は伊達領においても、ごくかぎられていたろう。
既述のように、北条氏の風間一党は、たしかに実在していた。それでは、もう一方の黒脛巾組は、どうであろうか。

これを考える前に、「黒脛巾」なる言葉について、かいつまんで説明しておきたい。「はばき」は、膝《ひざ》下と足首のあいだに巻きつけて脛《すね》やふくらはぎを保護し、合わせて行動を身軽にするための用具である。のちには「脚絆《きやはん》」と呼ばれることが多くなる。戦前の軍隊では「ゲートル」といっていた。いまなら、登山用の「スパッツ」に近いといった方が、ぴんとくる人もいるのではないか。

伊達氏の黒脛巾組は、革製の黒いはばきを巻き、それを仲間の目印のようにしていたから、その名が付いたとされている。

黒脛巾組に言及した代表的な文献に、仙台藩士・半田道時の『伊達秘鑑』（一七七〇年成立）がある。この史料の性格は後述することにして、まず同書巻之十七冒頭の「七大将安積表《あさかおもて》出張之事」から、該当個所を紹介しておきたい。

「政宗、兼《かね》テ慮《おもんぱか》リアッテ、信夫《しのぶ》郡鳥屋（福島県の旧信夫郡に、この地名は見当たらない。現福島市鳥谷野《とやの》の誤記か＝引用者）ノ城主、安部対馬《つしま》重定ニ命シテ、偸《シノビ》ニナレタル者五十人ヲエラミ、扶持《ふち》ヲ与へ、コレヲ黒脛巾組ト号ス。柳原戸兵衛、世瀬蔵人ト云者《いうもの》ヲ首長トシテ、安部対馬之ヲ差引《さしひき》、所々方々へ分置《わかちお》キ、或《あるい》ハ商人・山臥《やまぶし》・行者等ニ身ヲマギレテ、連々入魂《つらつらじつこん》ノ者モ出来《いでく》レハ、其《その》便宜ヲ以テ密事ヲモ聞出シ、其時々コレヲ密通ス。依《これによつて》レ之政宗ニハ疾《と》ク此《この》事ヲ聞《きか》レケレトモ、外ニ知ル人ナシ」（原史料のままだが、引用者の判断で句読点をおぎない、適宜ルビを付した。ただし、「偸《シノビ》」のみは振り仮名を含めて原史料による）

なお、このあとに「安積郡ノ内、郡山」（現福島県郡山市）に配置しておいた「大町宮内・太宰金七」から早馬をもって敵情の「注進」があったことが見えている。二人のうち、とくに太宰金七なる忍びについては語るべきことが多く、のちに改めて取上げたい。

右のくだりを理解するためには、それがいつの、どこでのことだったか知っておく必要がある。

2　仙道《せんどう》・人取橋《ひととりばし》の合戦

今日、伊達政宗といえば仙台（現宮城県仙台市）との結びつきが強い印象があるが、政宗がそこに居城を置いたのは慶長六年（一六〇一）になってからのことで、それまでは岩出山城（現宮城県大崎市）に拠っていた。その期間は一〇年ほどにすぎず、それ以前の本拠はずっと米沢（現山形県米沢市）であった。生まれも育ちも同所であり、ここで戦いに明け暮れた時代のほとんどを過ごしている。

政宗が家督を継いだのは天正十二年（一五八四）、数えで一八歳のときである。そのころ伊達氏は、会津黒川（現福島県会津若松市）の蘆名《あしな》氏、常陸太田（現茨城県常陸太田市）の佐竹氏や、それと連合する諸氏と奥羽南部の覇権をめぐって激しく争っていた。

双方の軍勢は各所で何度も戦闘を重ねているが、そのうちで最大の合戦の一つであり、かつ伊達氏にとってもっとも大きな危機だったといえるのが、天正十三年十一月十七日（一五八六年一月六日）の、

「仙道・人取橋の合戦」

であった。

先に引用した『伊達秘鑑』の一節は、この戦いに至るまでのことを述べた部分である。

人取橋は、奥州街道（現在の国道4号）の瀬戸川にかかっていたらしい。瀬戸川は阿武隈《あぶくま》川の支流で、現福島県本宮《もとみや》市青田の丘陵に源を発して東流する、全長わずか五キロくらいの小流れである。河口から一・五キロばかりの国道4号のすぐ西側、青田字茂庭《もにわ》の瀬戸川近くに、いま、

「史跡・仙道人取橋古戦場」

と書かれた木柱と碑が立っている。なお、「仙道」とは福島県の、いわゆる中通りを指し、当時の文献ではしばしば、この言葉が使われている。中通りは、東の浜通りと西の会津とのあいだ、おおむね阿武隈川沿いの南北に長い低地で、現今の白河、須賀川、郡山、本宮、二本松、福島各市などの中心部と、その周辺のことである。

天正十三年十一月、伊達軍は瀬戸川の北側に、蘆名・佐竹連合軍は南側に陣をかまえていた。その軍勢は伊達が七千、連合軍がざっと四倍の三万だったとされている。この数字がどこまで

福島県本宮市青田の「仙道人取橋古戦場」の木柱と記念碑

事実を反映しているかはともかく、連合軍が圧倒的にまさっていたことは間違いないらしい。

『伊達秘鑑』によると、この月の十日、伊達氏が敵軍の後方の郡山に放っておいた黒脛巾組の大町宮内と太宰金七から早馬で、

「蘆名や佐竹、それに呼応する須賀川氏ら合わせて七大将が率いる大軍が、わが軍を一挙にもみつぶそうとしている」

旨の注進が届く。そこには各軍の軍勢や攻め口の情報が含まれていた。『伊達秘鑑』に見える、

「政宗ニハ疾ク此事ヲ聞レケレ（政宗は、これをとっくに耳にされていた）」

は、大町・太宰からの報告のゆえであった。

同月十七日の人取橋をはさんだ合戦は熾烈《しれつ》をきわめたが、やはり兵力の大差はいかんと

もしがたく、伊達軍は北へ向かって敗走する。その際、政宗を無事に逃すべく殿《しんがり》をつとめた鬼《おに》庭《にわ》（茂庭）左月が、敵陣に乗り込んで奮戦のあげく討ち死にするといったこともあった。古戦場碑のわきには、左月の供養碑が建てられている。

十七日は日没とともに、いったん戦闘はやんだものの、次の日から連合軍の猛追が始まっておかしくなかった。ところが、同夜、連合軍の陣地で不可解な事件が起きる。佐竹氏の有力武将・小野崎義昌が、家臣に刺殺されたのである。この突発事で、まず佐竹軍が戦線を離脱する。これには、小田原北条氏が、常陸における佐竹軍の手薄をつこうとしているとの知らせが入っていたことも影響したらしい。

いちばんの有力部隊の撤退は、連合軍の結束をぶちこわしてしまう。連合軍は、もともとかなり無理をした寄せ集めだったといわれ、佐竹隊を失ったとたん腰がくだけ、各軍が相次いで自らの領地へ引き揚げたのだった。

これによって、伊達氏は期せずして虎口を脱した形になった。義昌刺殺はただの奇禍だったのか、それとも伊達氏が何らかの工作をした結果なのか、あるいはほかに何か原因があったのか、いまとなっては推測の手がかりもない。

3　黒脛巾組は本当に存在していたか

『伊達秘鑑』の別の個所には、

「黒脛巾ノ忍ヒヲシテ」（巻之十七「安積表七軍退散之事」）

という一文も見え、同書が黒脛巾組を忍びの集団としていたことは、はっきりしている。

しかし、この本の成立は人取橋の合戦から二〇〇年近くもたった明和七年（一七七〇）のことであり、とうてい同時代の史料とはいえない。また、文体、内容とも典型的な軍記物すなわち物語のそれである。だから、専門の歴史研究者なら、そこに書かれていることを、そのまま史実とはしない。というより、まあ聞きおく程度が普通であろう。

それでは、黒脛巾組は江戸中期の物語作者の空想の産物だろうか。以下では、そのあたりを取上げてみたい。

『伊達秘鑑』が現在のような形で世に紹介されたのは、昭和四年（一九二九）のことである。このころ、仙台を中心とした地域の篤学者たちが「仙台叢書」と名づけた史料集を刊行していた。同書は、そのうちの一本で、医師であり郷土史家であった鈴木省三（一八五三―一九三九年）の校訂・編集によって活字化されている。

鈴木によると、あちこちに一部分ずつが分散していた原本を借り集めて、結局、三五巻の全部に目を通すことができたという。ただし、原著者の半田道時（一七一九―八四年）については、ほとんど何もわからず、八方手を尽くしたあげく、仙台市内で墓を発見、その墓碑から右の生没年を特定したうえ、風伝流槍術の師範だったらしいことまでは突き止めている。

要するに、『伊達秘鑑』だけを、いくら精査してみても、黒脛巾組の存否を確かめることは難しい。

黒脛巾組に言及した文献はほかにもあり、『老人伝聞記』は、その一つである。そこには、「政宗公の時代に、黒脛巾組という者たちを召し抱えていた。それは領内の百姓たちのうち、力量をそなえ、武術の心得ある者をえりすぐり、五十人ないし三十人を一組として編成し、領内に入り込む悪党どもの探索などをさせていた」

と記されている。

この書は著者が不明のうえ、成立は一九世紀に入ってからとされており、史料価値は『伊達秘鑑』よりさらに低いと考えられる。

ただ、黒脛巾組の組頭として六人の名を挙げているが、その一人の「阿部対馬」は『伊達秘鑑』に出てくる「安部対馬」と同一人に違いないのに、文字が少し異なっている。さらに、ほかの五人の名は『伊達秘鑑』に見えないことから考えて、同書からの丸取りでないことは明らかである。

これ以外にも、『伊達秘鑑』が黒脛巾組の忍びの一人と述べている「太宰金七」ではないかと思われる人物に触れた全く別筋の文献が存在する。『会津蘆名記』（著者不明、一七一一年ごろの成立か）がそれで、そこには、

「伊達政宗は太宰金助という侍に、蘆名氏の本拠の黒川大町（現会津若松市大町＝引用者）で風呂屋を営業させ、やってきた蘆名家の家臣らの話を盗み聞きして政宗に急報していた」

ことが書かれている。

また、江戸中期の儒者・新井白石の『藩翰譜《はんかんぷ》』（一七〇二年成立）に、天正十八年（一五九〇）の豊臣秀吉の小田原攻めの際、政宗が秀吉の動向をさぐるため、

「大峯金七といふ家子《いえのこ》」

を小田原へ派遣したと見えている。ここでは家の子（従僕・家臣）とあるが、その役目から考えて、忍びだったとみてよいのではないか。

右の太宰金七―太宰金助―大峯金七は、その行動と名前の類似によって同一人物の可能性が、かなり高そうに思われる。つまり、『伊達秘鑑』『老人伝聞記』『会津蘆名記』『藩翰譜』と少なくとも四つの文献が、直接・間接に黒脛巾組に言及しているといえる。しかも、それぞれは微妙なところで差異があり、情報の出所は違っているのではないか。

要するに、伊達氏がかかえていたとされる黒脛巾組なる忍びの集団が、後世の創作だったとはいいきれない。それどころか、近年、その実在をより確かにする史料が見つかっているのである。

4　木村宇右衛門の覚書

先に挙げた四書は、いずれも江戸時代になってから、それも中、後期の成立である。早くても、戦国時代の終焉から一〇〇年以上が過ぎている。これでは、黒脛巾組の実在を裏づける確

かな史料とするには不足というほかない。

しかも、そのうちで、描写がもっとも具体的な『伊達秘鑑』に見える、「信夫郡鳥屋ノ城主、安部対馬重定ニ命シテ、偸《シノビ》ニナレタル者五十人ヲエラミ」のような重要な一節に、「鳥屋」という、どこのことか確認できない地名が出てくる。これは一般に、現福島市鳥谷野《とやの》の誤記だとされているが、そこに「安部氏」なる武将が拠った城が、たしかにあったのかどうか疑わしいのではないか。

安部重定の配下だったとされている「柳原戸兵衛、世瀬蔵人（姓の読みがセセかヨセか不明）」も、ほかの史料には全く現れないようである。要するに、少なくとも右のような文献にもとづいて、黒脛巾組の存在を史実と認めることは難しかったといえる。

しかし、一九九七年に出版された小井川《こいかわ》百合子編『伊達政宗言行録―木村宇右衛門《うえもん》覚書』（新人物往来社）によって、「黒脛巾」と呼ばれる忍びの者たちの集団があった可能性は著しく高くなったとしてよいと思う。

該当部分の紹介をする前に、この史料の成り立ちについて説明しておきたい。

小井川氏が活字化した「木村宇右衛門覚書」（以下、「覚書」と略）は、伊達政宗（一五六七―一六三六年）の老年期に小姓《こしょう》として政宗の身辺に仕えた宇右衛門が、主君から聞かされたことを書き残した記録である。対象となった期間は政宗の出生から、その一七回忌（一六五二年）に及んでおり、成立は、この直後くらいと考えられる。

宇右衛門は九歳ごろから、政宗の逝去まで小姓の職にあったが、小井川氏によると、出仕の時期や、宇右衛門の生没年ははっきりしないという。ただ、一六七五年に老齢を理由に隠居していること、妻が一七〇七年に八三歳で没していることなどから、一六二〇年をはさんだ一〇年ほどのあいだに生まれたとみて大過ないのではないか。

「覚書」は、ずっと仙台伊達家に保存されていたが、昭和二十六年（一九五一）、ほかの文化財とともに仙台市へ寄贈された。その全一八四項目を、仙台市博物館の学芸員だった小井川氏が校訂・編集したのが前掲書である。

現在の会津若松城（鶴ヶ城）。会津蘆名氏は、この場所に居城をかまえていた。

このようないきさつから考えて、「覚書」は厳密な意味での同時代史料とは呼べないにしても、『伊達秘鑑』などにくらべて格段に高い信憑性をもっていることは明らかであろう。

5　郡山合戦の際の黒脛巾

「覚書」には、黒脛巾に触れた個所が二ヵ所ある。いわゆる郡山合戦と、会津・摺上原《すりあげはら》合戦にかかわるくだりである。まず、前者から取上げることにしたい。

郡山合戦は、天正十六年（一五八八）二月から七月にかけて、いまの福島県郡山市街の北方あたりで、伊達政宗軍と佐竹義重・蘆名義広ら連合軍とのあいだで戦われた、数次の戦闘を指している。この合戦の舞台は、既述の人取橋より七、八キロばかり南へ寄っているにすぎず、双方の構成陣も三年前とほぼ同じであり、相変わらず兵力では伊達側が大きく劣っていた。

互いの本陣が、どこに置かれていたのか、はっきりしないようだが、「覚書」では伊達軍が現郡山市日和田町の安積山《あさかやま》、連合軍は、ここから五キロほど南の同市富久山《ふくやま》町久保田の窪田城だったとしている。以下では、これにしたがっておきたい。

合戦が半年にも及んでいたことからうかがえるように、そう激しい衝突もないまま、様子見といった状態がつづいていた六月のある日、政宗の重臣の一人、片倉小十郎（景綱）は、敵陣の偵察に出かける。次は、その折りのことである。

「こあめ《（小雨）》のふる《（降）》日、こや《（小屋）》の内つれ〴〵《（徒然）》なるまゝに人々にかくれ《（隠）》、侍にハ片倉小十郎、松川与介両人、くろはゝき《（黒脛巾）》のもの《（者）》二、三人、さゝみの《（笹蓑）》に、すけかさ《（菅笠）》きて《（着）》里人のまね《（真似）》をして、馬ハくぼ《（窪）》田の山さき《（先）》のかけ《（陰）》にかくし《（隠）》置《おき》候て、義信《（宣）》のちんこや《（陣小屋）》をまわりよくみて、日ハ七ツかしら《（頭）》の事なれハ、からめてわき《（搦手脇）》の水くみ《（汲）》口の木戸をあけ《（開）》、ざう《（雑）》人ともいれちかひ《（入違）》川水をこや〳〵《（小屋）》へくみ《（汲）》入《いれ》候間《あいだ》、それにまきれ《（紛）》内へ小十郎、松川計《ばかり》めし《（召）》つれ入《いり》候て、こや〳〵《（小屋）》見まわり、義信《（宣）》のいられたるこや《（小屋）》をみれは、諸侍《しよざむらい》たくさんにつめ《（詰）》、何哉《なになら》んさいく《（細工）》するをと《（音）》なときこ《（聞）》ゆ」（ひらがなの右側の漢字は校訂者による。漢字のわきのルビは引用者が付した。ごく一部に校訂本にない読点を

おぎなってある）
　片倉小十郎（一五五七―一六一五年）は、侍身分の松川与介と黒脛巾の者二、三人を連れ、そこらの村人に変装して窪田へ向かい、午後四時ごろ（七つ頭）、佐竹義宣《よしのぶ》（佐竹義弘の子）の陣所へ忍び込んでいる。その際、中へ伴ったのは松川だけであった。本来なら、このようなとき敵陣へまぎれ込むのは黒脛巾の者の役目であるはずだが、おそらく警戒のゆるいことに気づいたからであろう、彼らを外に残し、すでに一軍の将の地位にあった片倉自らが侵入を試みたというのである。

福島県郡山市富久山町久保田の日吉神社。戦国時代の窪田城の本丸は、ここにあったといわれる。

　これにつづく文章によると、二人はまず、つないであった馬を解き放して、それを中間《ちゅうげん》や若党《わかとう》が追っていったすきに、前を通りすぎる。そのあと義宣の陣屋の軒《のき》に立てかけてあった十文字槍をみやげに盗み取り、さらに二ヵ所に火をはなって馬を隠しておいた場所まで逃げ戻ったとなっている。馬に乗って、あとを振り返ったら、

「小あめ《（雨）》ハふれ《（降）》とも、よほと（余程＝引用者）の風吹《ふき》候ゆへ《（故）》、こや《（小屋）》共よほとやけ《（焼）》」

　というありさまで、本陣だけは、かろうじて焼失をまぬかれたのだった。

忍び入ってからのいきさつを述べた部分には意味の取りにくいところがあり、槍を盗んだのは黒脛巾の者であったかもしれない。そうだとしたら、敵方が右往左往しているあいだに、彼らも二人につづいて佐竹陣内へ入っていたことになる。

いずれであれ、この日の片倉らのふるまいは、通常なら忍びの者がするべきはずのことであった。だからこそ、初めから二、三人の黒脛巾を同行していたのである。

合戦は翌月、双方の和睦で、いったん終結している。

右の逸話は、政宗が片倉から聞かされ、それをずっと後年になって、木村宇右衛門に語ったものに違いない。その話の細部はともかく、黒脛巾組なる忍びの者たちの集団が実在していたことは、これによってほぼ完全に裏づけられるといえるのではないか。

6 摺上原の合戦では重要な役割を果たす

郡山市役所から三〇キロばかり北西に、ＪＲ磐越西線の翁島《おきなじま》駅がある。この北方は広大な緩斜面になっており、磨上原《すりあげはら》と呼ばれる。戦国のころには「摺上原」と書いていた。

そこから北を望むと、すぐ目の先に磐梯山（一八一六メートル）がそびえ、南へ下れば猪苗代湖の北岸に至る。長く原野といった感じの荒蕪地《こうぶち》で、第二次大戦前には陸軍の演習場があった。

郡山合戦の終結からほぼ一年後の天正十七年（一五八九）六月、この磐梯山南麓で伊達政宗

JR磐越西線・翁島駅の東方から磨上原を望む。天正17年（1589）6月の「摺上原の合戦」の舞台となった。右手は磐梯山である。

の軍と蘆名義広の軍が全面的に対決する摺上原の合戦が起きている。

伊達軍は、この直前に蘆名氏側から寝返ってきた猪苗代氏の猪苗代城（現耶麻《やま》郡猪苗代町古城《こじょう》跡）を、蘆名軍は、その七キロほど西南西に位置する高森山（五九八メートル）を本陣とした。今回は伊達氏が、ほとんど全軍勢を投入したことと、ずっと敵方にまわってきた常陸佐竹氏が関東を離れることができなかったため、兵員数は伊達方がやや多かったようである。

雌雄を決する主戦は、同月五日の朝に始まった。東から伊達隊、西から蘆名隊が一挙に人馬を進め、広い摺上原のど真ん中で激突したのである。それに先立ち、政宗は、「かつせん《（合戦）》の場ハよし、けふ《（今日）》のかつせん《（合戦）》勝利うたか《（疑）》ひなしとおも《（思）》ひ、くろはゝき《（黒脛巾）》のもの四、五人申《もうし》つけ、此《この》山のこし《（腰）》につけ、なに事あるともかまハす、につはし《（日橋）》へかけ《（駆）》つき、何とそさいかく《（才覚）》をもつて、につはし《（日橋）》をやき《（焼）》おとせ」

と下知している。

「日橋《にっぱし》」という橋がかかっていたのは日橋川といい、猪苗代湖から流れ出る唯一の河川である。それは同湖の北西端に発し、二〇キロくらい北西の喜多方市塩川町会知《かいち》で阿賀川に合している。その間の落差は三〇〇メートルを超え、まれにみる急流のうえ、蛇行部分が多い。

日橋がどこにかかっていたか確認できないが、いまの耶麻郡磐梯町大谷のあたりではなかったか。ここは摺上原と、蘆名氏の居城があった黒川（現在の会津若松市）を結ぶ街道筋に当たっており、しかも近辺にはほかに橋はなかったらしい。政宗は、黒脛巾の者たちに、それを焼き落として敵の退路を絶てと命じたのである。合わせて援軍をはばむという意図もあったのかもしれない。

合戦は初め、強い西風を受けて蘆名方に有利に進んだ。ところが、そのうち風が全く反対に向きを変え、それとともに伊達軍は猛烈な攻勢に出る。同時に、伊達軍のうち磐梯山のうしろへまわっていた一隊が山腹を駆け下りてきて、蘆名軍の横腹を衝いたからたまらない、蘆名側は全軍が総崩れとなって西へ西へと敗走していった。だが、

「（日橋の）橋ハやけおち《（焼落）》、さき《（先）》へハゆかれす、跡よりてき《（敵）》にハおわる《（追）》ゝ、よりところなければ馬上もかち《（徒者）》ものも命をかきり《（限）》に川へのり《（乗）》入とひ《（跳）》入、此川ハ近国にかくれ《（隠）》なき山川の水はやく《（速）》

して、大石おほく《（多）》瀬まくら《（枕）》うつて、たき《（滝）》のおつる《（落）》ことくなれは、こす《（越）》へき様なく人馬なかれ《（流）》行《ゆく》事数《かず》をしら《（知）》す」

という、壊滅状態に陥ってしまう。

この敗戦によって、鎌倉時代の初期から四〇〇年にわたり、東北南部きっての有力武将の地位にありつづけた会津蘆名氏は滅亡している。「覚書」の記すところは、決して大げさな文飾ではなかったことがわかる。

もし、日橋が落ちていなかったとしたら、蘆名軍の主力は逃げのびて、要害堅固な黒川城に立てこもり、再起をはかることもできたかもしれない。それを考えると、乱戦の中を橋へたどり着き、

「才覚をもって焼き落とした」

黒脛巾組の遊撃行動は、すこぶる大きな意味をもっていたといえる。

ただし、蘆名側の記録によれば、日橋を焼いたのは、自分たちであったとしている。むろん、敵軍の追撃をさえぎるためだが、算を乱して人馬ともども落ちていく部隊に、そんなことができたかどうか。

いずれであれ、伊達政宗は摺上原の合戦の折り、「くろはばき」なる集団の者を特殊任務につかせたと木村宇右衛門に語っている。ほかに明証がないかぎり、この直話を否定するべき理由はないと思う。

7　忍びは「草」ともいっていた

伊達氏の「黒脛巾組」は同氏が麾下に置いていた忍び集団の名前だが、これとは別に忍びまたは忍びの者は、自軍、他軍を問わず「草」という言葉で呼ばれていた。それをよく示す文章が残っている。伊達成実《しげざね》（一五六八―一六四六年）の手になると伝えられる『政宗記』である。

成実は伊達政宗より一歳の若年であり、遠縁に当たる。陸奥国信夫郡の大森城（現福島市大森）の城主・伊達実元の子として生まれ、既述の人取橋、郡山、摺上原などの合戦では数々の軍功を挙げた、文句なしの重臣であった。

小林清治校注の『政宗記』（一九六七年、人物往来社刊『伊達史料集　上』所収）の解題によると、成立は一六三六年（一部は一六四二年）ごろらしい。その第四巻の「成実領地草調儀《くさちょうぎ》之事」に次のように見えている。

「されば奥州《おうしゅう》（東北地方＝引用者）のいくさ言葉に、草調儀あるいは草を入《い》る、あるいは草に臥《ふ》す、また草を起こす、さて草を捜すというあり。まず草調儀とは、わが領より他領へ忍びに勢《せい》（軍勢）を遣わすこと、これ草調儀といえり。さて、その勢の多少によって一の草、二の草、三の草とて、人数を引き分けにだんだん、あとに控え（順繰りに配置して）、一の草には歩立《かちだ》ち（歩兵）ばかりを二、三丁（一丁は一〇九メートルほど）も先に遣わし、敵の居城の近所まで夜のうちより忍ばせけるを草を入ると名づく。

それよりよく場所を見合いて隠れおる、（これを）草に臥すという。しかしてのち、夜あけなば内（敵の城内）より往来に出でける者を一人なりとも、（また）たとえば幾人にても敵地より出でかかりける（者）を、一の草にて討ちて取ること、これ草を起こすといえり。

まさに敵地の者ども、そのときに至りて知り合い（気づいて）、おのおの武具を立てて一の草を討ちて取らんとす。さて（わが方の）草の者ども足並みにて逃げ散り（一散に逃げていき）けるを、（それを討とうとして）わが増ししだいに（われ先に）追いかけければ、二、三の草起こし合い、せり合いとなりて、討ちつ討たれつ互いに勝負を決す」（文章はもとのままだが、ひらがなを漢字に、漢字をひらがなに変えたところがある。また、送り仮名と読点をおぎない、現代仮名遣いになおしてある）

他領へ忍びを派すことを「草調儀」といい、とくに敵の居城近くへ夜のあいだに忍びを配置しておくことを「草を入る」と称していたことがわかる。そうして、適当な場所に隠れて夜明けを待つことが「草に臥す」、敵方から現れた者を討ち取ることが「草を起こす」である。草の布陣は、人数によって一の草、二の草、三の草と波状的にかまえていたとしている。また、引用部分のあとには、敵の草を見つけて討ち取ることを「草を捜す」といったとある。

仮に『政宗記』の全部が成実の直筆によるものではなく、後人の加筆がほどこされているとしても、戦国期に忍び、忍びの者を意味する「草」なる言葉があったことは疑いないといってよいだろう。

のみならず、この語は同書が述べるように、奥州にかぎられていたわけではなかった。関東有数の戦国大名家の一つで、結城城（現茨城県結城市結城）に拠っていた結城氏が、政勝の時代の弘治二年（一五五六）に制定した家法「結城家法度《はつと》」（「結城氏新法度」とも）にも、

「草、夜業、斯様《かよう》之義は、悪党其他走立《はしりだ》つもの（動作俊敏の者＝引用者）、一筋ある物（特別の技能をもつ専門家）にて候」（第二十七条）

と見えているのである。

同条では、このあとに、

「だから、当家の若い家臣どもが勝手に、そのまねをしてはならぬ」

旨が記されている。それは「悪党」ら特殊の任務にたずさわる（直属の家臣以外の）者たちの専業であったと考えられていたことになる。

8 「草」対「草」の戦いの実例

『政宗記』には前節に引用した部分につづいて、伊達成実配下の草と、蘆名方の草とのあいだで繰り広げられた戦闘のことが述べられている。そこには意味の取りにくいところもあるが、わたしなりの理解にしたがって、おおよその様子を紹介しておきたい。

天正十六年（一五八八）三月のことである。このときすでに、いわゆる郡山合戦が始まっていたが、既述のように、この戦いは妙にだらだらと間延びしたものであったらしい。その主戦

場の郡山（現福島県郡山市の中心部）より北へ一三キロばかり、玉ノ井（現同県安達郡大玉村玉井《たまのい》）の「西原」（玉井字原のことか）へ、同月の十三日、蘆名軍に属する高玉（郡山市熱海町高玉）の草が入ってくる。玉ノ井城に出入りする者を討ち取ろうとしたのである。

玉ノ井の草が、これに気づき、相手方の草を討ちにかかった。ところが、先方は戦わずにどんどん退却していった。それで深追いしたが、これを見た高玉側は、

「もう一度、同じことを仕かけたら、また深追いをしてくるのではないか。そこを襲えばよい」

と考え、同月二十二日の夜に、

「矢沢と云ふ処へ、亦《また》草を入《いれ》ん」

と計画する。

「矢沢」は、玉ノ井と高玉の中間あたり、現在の本宮市岩根字入矢沢《いりやざわ》や同表矢沢の一帯を指すと思われる。ここから北方に延びる谷筋は山が両側から迫り、そのあいだを矢沢川（阿武隈川水系・五百川《ごひやく》の支流）が南へ向かって流れ、それに沿って玉ノ井・本宮方面と郡山とを結ぶ道が通じていた。

高玉陣営はおそらく、わきの山に草を臥せておいたうえで、伊達軍を誘い込み、その横腹を衝くつもりではなかったか。高玉は自陣に片平（郡山市片平町）と阿久《あく》ヶ島（同市熱海町安子島《あこがしま》）の人数も加えて、予定どおりにことを進めた。

この情報が二十三日の朝、成実の領地の本宮へ届いたため、成実自身も出て相手の草をさが

したが、見つからなかった。

ところが、その日のうちに玉ノ井のすぐ近所へ「昼這《ひるばい》」（昼間、忍びを入れること）二〇人か三〇人が出現したので、伊達側から応戦しようとすると、やはりそのまま逃げていった。伊達側は、それを追って、「台輪田」（正確な場所は不明。矢沢の北方か）というところで追いついて戦闘になった。

敵が、ここまで逃げてきたのは作戦で、実はほど遠からぬ矢沢の山陰に、前夜から三〇〇人余りを隠していたのだった。玉ノ井の者たちは、そんなこととはつゆ知らず、じりじりと後退していく相手を追いつめていった。

そこへ、敵が矢沢に臥せていた三〇〇人が襲いかかってきたのである。伊達軍は崩れて川（矢沢川か）べりまで押し込まれた。この際、敵はあせって計画より早く姿を現したため、（背後や横からの急襲をまぬかれて）総崩れにはならなかった。

河原や川の中で斬り合っているうち、敵の大将・高玉太郎右衛門が味方の防衛線を越えて、川の対岸へ渡った。残る者たちがあとにつづくと、伊達方は挟みうちにされる。それで、成実の徒立ち《かちだ》（歩兵）で鉄砲の上手の志賀山三郎が、

「ズドン（寸斗《ずんと》と書いている）」

と一発、撃ったところ、太郎右衛門の腰に命中、さらにもう一発が馬に当たって、人馬もろともひっくり返った。

大将が討たれて退却を始めた敵の殿《しんがり》は、「大剛の武者」太田主膳であった。しかし主膳も、今度は三郎が放った矢を受けて討たれてしまった。
「此の草は、主膳・太郎右衛門発起を以て、入れたる草」
であったが、蘆名方は、その二人を失い、散々の体で逃げ散り、その夜は自分たちの宿所へもたどり着けない者が多かった。

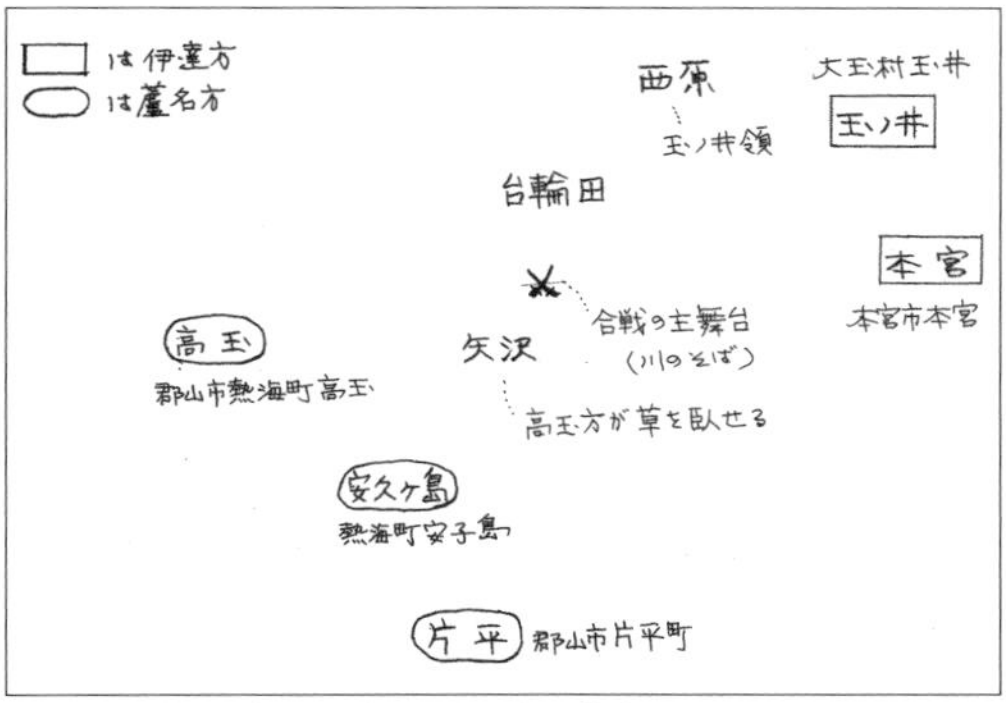

天正16年(1588)3月、伊達氏の草と蘆名氏の草とのあいだで戦われた合戦の位置概略図。正確な地図ではない。

結局、この合戦で伊達陣営は敵の首五三を奪い、それから鼻をそぎ取って米沢の政宗のもとへ送ったのだった。高玉側は、玉ノ井方を罠《わな》にかけて大打撃を与えるつもりであったのに、『政宗記』では全く逆の結果に終わったことになっている。

ここに見える「草」は忍びとはいいながら、諜報戦ではなく、もっぱら遊撃戦に当たっていたらしく思われる。忍びには元来、情報収集・隠密活動・調略などの任務と、突撃部隊・ゲリラ戦隊としての仕事の両方があったろうが、前者はことの性質上、記録には残りにくい。そのためもあって、矢沢での攻防を見るかぎり、草はゲリラ戦士であったような印象が強い。

なお、天正十五年（一五八七）から同十八年における伊達政宗の動向を、側近が記した『伊達天正日記』では、右の草合戦のとき玉ノ井城は蘆名側に属していたと、重要な部分で大きく食い違っている。さらに、平山優『戦国の忍び』（二〇二〇年、角川新書）一四九ページによると、衝突翌日の同年三月二十四日付け「伊達政宗書状」も、日記の記述を裏づけているという。

これから考えて、『政宗記』に全幅の信頼をおくことは危険だが、「草」と呼ばれる忍びたちが、どんなことをしていたかは、ほぼうかがえると思う。

9 草調儀は、ひんぱんに行われていた

戦国時代の合戦というのは、何千とか何万とかの大軍勢が正面からぶつかり合う場合はまれで、小競り合い、ゲリラ戦を繰り返しながら、おおかたの趨勢を決していたのではないか。そうだとするなら、日常的に戦闘の前面に立っていたのは、主に草すなわち忍びたちであったかもしれない。

忍びには大名や国人《こくじん》の直属の家臣は、ほとんどいなかったろう。狭い意味での武士ではなかった。傭兵であり、戦争の下請け人である。何か一芸に秀でていることは求められたが、身分や出自は、まず問題にされなかった。彼らが手柄を挙げたとき、それを証明する手段の第一は敵方の首であった。だから、相手を討ち取ったあとは首をかき切って持ち帰ることにこだわった。それがなければ、恩賞にあずかれなかったからである。

『伊達天正日記』には、伊達陣営の草が実行した草調儀と、その際に得た首級の数が詳しく記されている。前記『戦国の忍び』一五七ページに、天正十六年（一五八八）三月から翌十七年八月までの草調儀の記録が表にしてまとめられているので、それを次に引用させていただく。これによれば、一年半たらずのあいだに、伊達配下の草が首を討ち取った草調儀だけで三〇件にものぼっていたことがわかる。

伊達軍が草調儀で討ち取った首級数一覧

No.	年月日	数	No.	年月日	数
1	天正16年　3月20日	2	16	天正16年6月18日	1
2	天正16年　3月24日	200	17	天正16年6月19日	2
3	天正16年　4月22日	2	18	天正16年6月24日	1
4	天正16年　5月14日	7	19	天正16年6月25日	1
5	天正16年　5月19日	13	20	天正16年6月26日	5
6	天正16年　5月22日	2	21	天正16年6月29日	3
7	天正16年　5月23日	3	22	天正16年7月　3日	3
8	天正16年閏5月　7日	1	23	天正16年7月　9日	1
9	天正16年閏5月24日	5	24	天正17年2月28日	17
10	天正16年閏5月28日	1	25	天正17年4月26日	3
11	天正16年閏5月29日	2	26	天正17年5月23日	1
12	天正16年　6月　2日	1	27	天正17年5月 晦日	1
13	天正16年　6月　7日	1	28	天正17年6月　8日	11
14	天正16年　6月12日	5	29	天正17年7月12日	5
15	天正16年　6月17日	3	30	天正17年8月11日	4
				総計	307

『伊達天正日記』に見える草調儀の記録。平山優『戦国の忍び』（角川新書）から引用させていただいた。

　そのうち、表の2番に「天正十六年三月二十四日　首級二〇〇」とあるのは、前節で取上げた現本宮市岩根の矢沢近くで起きた対蘆名方との草合戦を指している。すぐ気づくように、『政宗記』では五三とされていた首が二〇〇となっている。『伊達天正日記』（以下、日記と略）の信憑性はかなり高いといわれているが、この戦いに関するかぎり相当の景気づけを加えているのではないか。

　これを別にすると、草たちが討ち取った首の数は、おおむねひとけたであり、十数人が三件あるにすぎない。大規模な衝突では正規の武士も参戦するから、彼らの首が草たちに狙われやすかったろう。しかし、暗夜の草合戦には通常、武士は姿を見せない。忍びどうしの殺し合いである。当然、右に挙げられている首も、名もなき傭兵のそれが多かったと思われる。

七番の「天正十六年五月二十三日　首級三」も、それであった。

日記によると、伊達の草たちが、蘆名方に属する中山城（現郡山市熱海町中山字城ノ脇《じようわき》の熊野神社）周辺へ草に入った。ここは楊枝《ようじ》峠（もとの中山峠、六九一メートル）越えで二本松と黒川（会津若松）とを結ぶ二本松街道の要衝に当たっており、伊達方としては何としても抑えておきたかったのである。

ちなみに、蘆名氏が滅亡する原因となった摺上原の合戦は、この翌年の六月五日であった。そうして、摺上原の中央部分は楊枝峠の北西一三キロくらいに位置していた。人が早駆けすれば、一時間かそこらの距離である。

伊達軍に草がいたように、敵方にもやはりいた。このときの蘆名の草は、玉ノ井から派遣されたものだった。既述のように、『政宗記』では玉ノ井は伊達側とされていたが、日記では表の二番の矢沢合戦の際と同様、蘆名陣営だったとしている。

とにかく、伊達の草調儀は蘆名の草の知るところとなり、おそらく深夜の一戦が始まる。これによって、伊達方は敵の首級三を挙げ、伊達成実を通じて政宗のもとに届けられたという。伊達側の被害には触れていない。これは、ほかの場合も同じである。

日記に出てくる首級一とか二あるいは三などが、正規の武士集団をまじえての衝突だったとは考えにくい。武士には騎馬もいれば歩兵もいる。それらを含めた軍勢がまともにぶつかり合えば、とてもその程度の死者ではすむまい。

二番を除き、表に見える戦闘の多くは、草対草のそれであったろう。『政宗記』第四巻に、「(草を入れても)昼なら草とはいわない。昼這《ひるばい》という」旨が記されているが、中山そのほかでの戦闘も夜間に草どうしで行われたのではないか。暗闇の中で、殺戮だけを目的に斬り合う、そこにはルールめいたものなどいっさいなかったろう。それが忍びの戦いだったといえる。忍びを「悪党」「ならず者」「強盗」と呼んでいる史料が少なくないのも、そのあたりによっているのではないか。彼らは、名前や名誉とは無縁の存在だったに違いない。

【コラム】④　「忍びの術」をしのばせる芸のこと

槙島昭武(生没年不詳)による軍記物『関八州古戦録』(一七二六年刊行)に、「二曲輪猪助《にのくるわいすけ》」という「忍びの骨張《こっちょう》」が出てくることは、第一章2節で述べたとおりである。そこでは、猪助は速足をもって小田原北条氏の忍び軍団「風間一党」に抱えられていたとなっている。

猪助の速足が、どの程度のものであったのか記されていないが、常人の想像を超える技術・体力は、忍びに求められるもっとも大事な要件の一つであったろう。例えば、馬が走れない道を通って、一刻も早く情報を届けなければならないとき、いまの長距離ランナーのような能力は、だれからも重宝されたに違いない。

彼らの技術・体力について具体的に語った信憑性の高い史料は、ほとんどあるいは全くないようであり、確かなことは結局わからない。

いま仮に、

「暗夜に十里（およそ四〇キロ）の道を三時間で往復した」

と何かに書いてあったとする。

現在、マラソンのトップクラスの選手は、四二・一九五キロを二時間ちょっとで走ってしまう。しかし、その距離を往復するとなると、倍よりずっと多くの時間がかかるだろう。まして、未舗装の道を夜間という条件がつけば、「三時間で」を信用する者は、まずいないのではないか。だが、それが「五時間で」となっていたら、意見が分かれるかもしれない。七時間なら、おそらく

「ありえることだ」

と考える人は相応にいそうに思われる。少なくとも、

「できるはずがない」

とは言いきれまい。

次に紹介するのは、右のたとえでいえば、六時間ないし七時間ほどに当たるかもしれない芸の話である。それは文献に見えることではない。わたしがつい近年、実際に目にした「伝統芸能」の演目である。

その曲芸は「つく舞《まい》」と呼ばれ、毎年七月下旬に茨城県龍ヶ崎市上町・八坂神社の祇園祭の出し物として演じられる。祭礼は三日間つづくが、その最終日（現在では、原則として七月最後の日曜日）の夕方、同市根町の撞舞《つくまい》通りで行われる。

会場には高さ一四メートルの、電柱のような柱「つく柱」が立っている。

ちなみに、われわれが目にする電柱でもっとも多いのは長さ一二メートル、最長でも一六メートルだそうである。これは長さで、立てるときには六分の一くらいを地中に埋めるので、高さは一〇メートル前後がいちばん多く、最高でも一三メートルを大きくは超えない。つまり、つく柱は通常の電柱より四メートルばかり、めったに見かけない一三メートル電柱より一メートル近く高い。これは別に電柱を意識してのことではなく、江戸時代から受けつがれてきたものである。

柱は基部で固定したうえ、倒れないように、三方に延びる三本の長いロープで引っぱられている。てっぺんには長さ一・五メートルほどの横板が渡され、その真ん中には俵を重ねた分厚く、丸い座布団のような円座がしばりつけられている。これが、いわばつく舞の舞台になる。

演者は「舞男《まいおとこ》」と呼ばれる。舞男は、ここ何十年かは二人である。

「舞」は午後六時すぎに始まる。まず驚かされるのは、二人が相次いで細いロープを伝って柱の頂上を目指すことである。不思議なことに、体をロープの下にしてぶら下がるのではない。一貫して、ロープの上に腹ばいになって、しかも結構な速さで登っていく。片足をだらんと垂らしてバランスをとっているらしい。

服装は何となく、忍者漫画や映画、小説などに出てくる忍者のそれに似ている。ただし、頭に蛙《かえる》の面をかぶっていることから考えて、その真似ではないことがうかがえる。要するに、活動しやすいということであろう。

二人が頂にたどり着くと、しばし円座をはさんで向かい合いに座る。やがて一人が円座の上にすっくと立ち、竹弓で四方に矢を放つ。この辺に、神事の姿がはっきり残っているといえる。次に、もう一人が同じことをする。

このあとに、舞のクライマックスがくる。やはり、まず一人が円座の上で逆立ちをするのである。それから、もう一人に交替する。円座を含めた高さは、ざっと一五メートル、尺貫法になおすと五〇尺（一尺は、およそ三〇センチ）になる。

「百尺竿頭《かんとう》、一歩を進む」（十二分に努めたうえで、さらに努める、の意）

という言葉があるが、

高さ14メートルの柱の頂に乗せた円座の上で逆立ちをする舞男。命綱は付けておらず、下に安全ネットも張られていない。

茨城県龍ヶ崎市の「つく舞」。舞男がロープを伝って、つく柱のてっぺん目指して登っていくところ。

「五十尺竿頭、逆さに立つ」

である。

二人とも、命綱は付けておらず、下に安全ネットも張っていない。しくじって落下すれば、ほぼ確実に死んでしまうだろう。そこが、たいていのサーカスなどと違うところである。

　これは並の人間には絶対に真似のできない、おそるべき芸である。あまり高所を怖がらない者でも、五メートルの柱の上に立つだけで足がすくんでしまうのではないか。舞男なら、忍者ものにあるような天守閣への侵入も本当にやってしまうに違いない。いったい、どんな人が演じているのだろうか。

　ここのところ、ずっと舞男の役を引き受けているのは、谷本仁さん（一九六九年生まれ）と大石浩司さん（一九八三年生まれ）である。掲示した写真は令和元年七月二十八日の撮影だが、このとき谷本さんは満の五〇歳、大石さんが三六歳であった。二人とも本業は鳶《とび》職人である。と聞いて少しはうなずけるとはいえ、鳶職人ならだれでもできるわけではあるまい。

つく舞は元来は、雨乞いのため奉納されるものであったらしい。蛙の面は、それを裏づけている。日本では古くから、蛙は雨を呼ぶと信じられていたのである。

「ツク」という言葉について、民俗学者の柳田國男は柱のことだとしている。そうかもしれないが、なぜ柱のことをツクというのだろうか。卑見では、ツクはタカ（高）と語源をひとしくしていると思う。タケ（岳、竹、丈）も、おそらくそうであろう。いずれも二音節で子音はタ行とカ行であり、ただ母音が交替しているだけである。つく舞は「柱舞」でも説明がつくが、「高舞」と解釈することもできるのではないか。

龍ヶ崎のつく舞と同種の芸能は、ほかのところにも残っている。

•千葉県野田市　同市野田の須賀神社の祭礼（だいたい七月中旬）。柱の高さは龍ヶ崎と同じ一四メートル、芸態も似ているが、舞うのは一人である。

•同県香取郡多古《たこ》町　同町多古の八坂神社祇園祭（七月下旬）。ここでは「しいかご舞」と呼び、舞人は「猿男」と称している。

•同県旭市　太田八坂神社の祭礼（七月下旬）で演じられ、名は「エンヤーホー」といっ